집으로부터

[작은 집이 좋아] 신경옥의 새 책

내 모든 것은 집에서 시작되었다

출판사

포북

집으로부터 申敬玉

얼른 집에 가고 싶다.

신경옥의 머리말

긴 하루를 살면서 때때로,
이런 마음이 드는 집을 만드는 게
진짜인 것 같다.
어서 다시 돌아가고 싶은 집,
그런 집으로.

그래서 이런 책을 시작해 본다.

모두들 이제 그만,
길었던 오늘의 수고를 접고
다시 집으로 돌아갔으면 해서.

편집자의 붙임말

『작은 집이 좋아』

이 책은 아주 오래 전, 20년도 훨씬 더 전에 출간되었습니다. 책은 이미 품절, 지구 저 밖으로 사라진 지

오래인데도 때때로 여전히 전화를 걸어와 이 책을 구할 수 있는지 묻는 분들이 계시죠. 그런 문의를 받으면 심장이

꼭 발효 빵처럼 슬그머니 부풀어 오릅니다. 두근두근 좋아서요. 감사해서 말이지요.

작은 집이 좋다는 책을 만드는 데 꼬박 5년이 걸렸었습니다. 이 어른이 어딘가 고칠 때마다 맥락 없이

그냥 쑥 가서 사진으로 남겨 두고는 했다가 책을 만들었으니 시간이 좀 걸렸던 거죠.

이 책 역시 지난 5년, 아니 그보다 훨씬 더 길게! 거북이 걷듯이 가만가만 준비한 사명감의 산물입니다.

느림보 기획회사 에프북이 만든다, 만들고 있다, 말은 하는데 책 구경은 통 할 수가 없으니 점잖기로

소문난 신경옥 선생이 버럭, 그러기도 하시데요. 할 건지 말 건지 양단간에 결정을 내리라면서!

겁쟁이 쫄보인 저희 에프북 식구들은 벌벌 떨면서 단합을 했고, 온 힘을 다 끌어모아 협력의 진가를 발휘했습니다.

『집으로부터』

오랜 고민 끝에 드디어 이런 제목을 붙이고서야 책의 꼴이 갖춰지기 시작했습니다. 뭐랄까,

제목이 주는 이상한 힘이 있었거든요. 우리는 모두 집에서 나와 집으로 돌아가니까 '집'은 곧 '인생'과 같은 말이 아닌가,

싶었던 것 같습니다.

책 제목을 건넸고, 집이라는 것에 대해 품고 있는 생각을 모아 달라 부탁을 드렸고, 그렇게 건너온 글을

여기 에프북의 책임자인 사람이 조금 매끄럽게 손을 본 다음, 드디어 세상 밖으로 내놓게 되었습니다. 떨리네요.

하도 오랜만에 만드는 책이라서.

『집으로부터』라는 책은

에피소드와 스페이스, 다시 말해서 이야기와 공간! 두 가지 항목으로 구성되어 있습니다. 집이라는 공간에 얽힌

작가의 생각을 이야기로 묶은 뒤 공간 꾸밈의 디테일을 하나하나 덧붙였어요. 아파트도 있고, 주택도 있고,

다이닝바도 있고, 신경옥 작가 가족의 작업 공간도 있는데 무엇보다 그 작업실이라는 곳이 겸허하게 다정합니다.

두루 다 꼼꼼하게 살피시다 보면 크든 작든, 거기가 어떤 공간이든! 우리가 머무는 곳에 담아야 할

진짜 중요한 요소가 무엇인지를 새삼 깨닫게 되실 거라 여겨요. 그러니 부디 한 장 한 장 놓치는 곳 없이 읽어 보시지요.

오늘도 우리는 또 오늘이라는 하루를 집으로부터 시작합니다.

그 하루가 모두에게 다, 썩 괜찮았으면 싶습니다.

책 만드는 회사 '에프북' 식구들의 고백

contents

살면서 가끔은 꽃을

한집에 사는 사람 중 누군가는
꽃을 좋아했으면 싶다.
사다 꽂으면 냅다 시들어 버릴 걸
뭐 하러 사느냐, 그러면서
다 똑같이 현실적인 말만 하면
집이 너무 괴팍해질 수 있으니.

모처럼 마음 내켜서 흰 꽃인 듯,
분홍 꽃인 듯 한 것을 한 움큼 샀는데
얘가 두어 밤 지나자
금방 돌아가실 모양새로
축 처져 있었다.
그럼 너무 억울할 것 같아서
꽃잎들을 상추 따듯이
쫑쫑 뜯어 커다란 화병에다 넣은 다음
생수를 콸콸 부어 주었다.

살아 주려나.
과연 꿋꿋하게 버티려나.

옛날 옛적 호랑이가 담배를 피웠다는
어떤 시절에는 집집마다 엄마들이
꽃꽂이를 배우곤 했었다.
꽃을 배운 엄마가 꽃꽂이를 하는 걸
가만히 보고 있으면 예술가 같았다.
그런데 내가 엄마 나이가 되고 보니
뭘 꼭 그렇게 배워서 해야만 하는 건
아닌 것 같다. 배워서 우아하게 꽂으면
물론 멋있지만, 그냥 툭툭 꽂는 게
더 괜찮을 때도 있는 것 같더라.
아무 데나, 기술 없이 아무렇게나,
그냥 꽂자. 내가 좋아하는 방식으로!

flower pattern

동대문 원단 시장은 내가 툭하면 가서 놀다 오는 놀이터 중 하나다. 거기에 가면 사는 일에 지쳐 있던 팍팍한 마음이 슬그머니 누그러지면서 기분이 좋아진다. 수천수만 가지의 원단이 모여 있으니 보는 재미가 있고, 서로 다른 감촉의 천을 만져 보며 쇼핑 욕구를 불태우기도 한다. 이걸 몇 마 끊어다 테이블을 덮겠어, 이거는 커튼으로 쓰기에 딱이잖아? 머릿속이 팽팽 돌아가면서 생각에 생각이 꼬리를 물고 이어지는데 그게 그렇게 신나는 거다. 어디 그뿐일까. 시장 어딘가에는 땡처리하는 제품을 파는 곳이 있어서 발품을 팔다 보면 '건졌다!' 싶은 가격에 사 들고 올 수 있는 애들도 있다. 잘 팔고 얼마 안 남은 원단이라서 후한 값에 몇 마씩 끊어 올 수 있는 거다. 그러면 '심봤다!' 하는 심정이 되더라. 어느 날, 내가 좋아하는 거기에 가서 확 깨는 꽃 패턴 원단을 골라 왔다. 박음질이랄 것도 없이 툭 접어 창에다 걸쳐 보았더니 집이 화장한 것처럼 생기 있어졌다. 꽃밭이라는 게 별거겠나. 이런 것도 괜찮지.

flower garden

꽃밭은 없어도 분에 담긴 꽃과 식물을 잘 활용하면 꽃밭? 그런 거 뚝딱 가질 수 있다.

이놈들을 일일이 먹이고 볕 주고 하면서 관리하기가 좀 성가시기는 하지만!

살아 있는 것을 내 집으로 들인다는 건 일종의 숙제 같은 거라 해도 좋겠다. 계속 살아 있기를 바라면서 물을 먹이고, 약을 치고, 햇볕과 바람이 통하도록 마음 써 주고, 영양도 골고루 주어야만 하니까. 그럼에도, 한 그릇의 흙 속에서 가만가만 자라는 식물을 만나면 감탄사가 절로 나온다. 화분에다 식물을 심어 키우는 걸 그 누가 발명했는지는 모르겠지만, 진짜 잘한 것 같다. 뭔가 해 주고 사랑을 주면 반짝반짝 무럭무럭 잘 큰다는 것. 나는 그게 그렇게나 고맙다.

사랑이 움트는 시간은 늘 옳다.

어떤 때는 집이 엄마 같다는 생각이 든다.
문 열고 들어서면 일단 폭 안아 주니까.

신경옥의 잡담, 하나

SPACE 1

내 남편의 작업실
긴 수고를 마치고 퇴직하는 그 사람을 위하여

아마도 꽃다발을 건네주어야 했을 것이다. 결혼해 자식 낳고 살아온 긴 날들 동안 나는, 그 사람이 일 말고 어떤 것에도 한눈을 팔거나 딴청을 부리거나 설렁설렁 그러는 모습 같은 걸 본 적이 없었으니. 일만 하고 가족 부양하는 일에 젊음 다 바친 그가 퇴직하던 날, 나는 꽃을 건네는 대신 작은 작업실 하나를 얻어 촘촘히 꾸며 주었다. 아침마다 집 나서던 그 양반이 어디 가서 마음 편히 바둑이라도 두어야 하지 않겠나, 하면서… 남편이 참 좋아했다.

사진으로만 보면 대단하고 으리으리하게 여겨질 수 있지만 사진
속의 이 공간이 전부인 작은 원룸. 아주 순박한 방이다.

건설회사에 다니던 남편은 가족을 떠나 사는 때가 많았다. 다른 나라의 공사 현장에 묻혀 지내던 시간이 대부분이었으니까. 떠돌이 같았던 그 사람이 집으로 완전히 돌아온 것은 퇴직 즈음이었다. 그가 세월을 다 바쳐 가족을 지켰으니 그 사람 노년은 우리 가족이 살펴 주는 것이 맞겠다, 싶었다. 그러던 어느 날, 집 근처를 휘적거리고 돌아다니다가 몹시 추레한 건물 하나를 보았는데 재건축인가, 재개발인가 그런 걸 할 거라면서 헐값에 몇 개의 방이 나와 있었다. 적어도 1년은 쓸 수 있을 거라는 부동산의 귀띔에 무조건 방 하나를 얻었다. 예닐곱 평 남짓한 월세방 하나를. 아침이면 출근하는 사람처럼 여기로 와서 차도 마시고, 책도 읽고, 자장면을 시켜 먹거나 낮잠을 좀 자기도 하라고. 그러면 인생의 뒷부분이 조금은 덜 허전할 것 같았기 때문이었다. 아니, 사실은 뭐 이렇게 대단히 근사한 이유보다는 우리 부부가 종일 집에서 붙어 지내야 할 수도 있다는 엄연한 현실! 내가 그 사람의 삼시 세끼 책임자가 될 수도 있다는 공포 때문이었던 것 같기도 하다. 어우, 어디든 매일매일 나가게 해야 돼! 늙은 아내에겐 꽤 절실한 숙제였다.

고재를 쪽으로 이어서 테이블 상판을 만들었다. 한 통으로 된 고재는 생각보다 고가이고, 마음에 드는 크기를 찾기도 어렵다. 하지만 이렇게 쪽이 작은 판들을 구해서 마루인 듯 족족이 이어 붙이면 한결 싸게, 그것도 외려 더 느낌 있는 가구를 만들 수 있다.

단정한 등판이 맘에 드는 나무 의자는 칠을 해서 하얗게 만들었다. 디자인이 심플해서 어떤 집을 고칠 때 다시 찾아보았지만 지금은 단종되고 없었다. 사라져서 속상한 IKEA 의자.

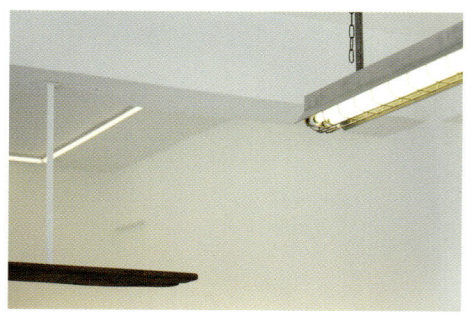

누군가 길에다 내버린 구식 형광등을 집으로 데려왔다. 이 아까운 빈티지 제품을 왜 버렸을까. 잘 수리해서 작업실 전등으로 사용했다. 우리 집에는 이렇게 주워다 수리한 물건이 많다. 관심을 갖고 살피면 버려지기엔 아까운 보물이 거리에 꽤 있을 거다. 그런 것들은 먼저 데려오는 사람이 임자다.

나뭇결 자체만으로도 멋진 그림을 만들어 내는 고재는 일단 쟁여 두고 볼 일이다. 가벽 안쪽에 표정을 더하고 싶어 고재를 상판 삼아 조그만 선반을 달았다. 공사 중에 남은 자투리 나뭇조각을 이어 노루발도 완성했다. 세월이 묻어나는 이 운치 있는 자리에 시판 노루발을 달고 싶지는 않더라.

살다가 간혹,

옛날 생각들을 꺼내 놓으면서

그래! 그때 참 좋았어, 하는 순간이 있다.

사는 거 뭐 있나.

이만하면 잘했지, 싶기도 하고.

그 남자도 그래 주었으면 했다.

이제 대체 뭐를 하면서 살 건가, 그러지 말고

지금까지 잘 살았다, 하면서

스스로를 응원하는 사람이기를.

하여! 추억을 곱씹으며

기분 좋아지라고 옛 문짝을 구해다가

고즈넉한 가벽을 만들어 주었다.

어릴 적 부모님 생각,

학창시절의 풋풋했던 기억,

애들은 어리고

우리 부부는 아직 청춘이었을 때의

찬란했던 포부 같은 것들도…

북어포 씹듯이 자근자근 씹다 보면

비릿하지만 끝내는 달큰한

삶의 맛을 느끼게 될 것도 같아서.

빈티지, 앤티크, 다시 말해 구닥다리! 나는 이런 것들을 구현하는 작업에 엄청난 재미를 느낀다. 나이를 많이 먹었으니 그렇겠지, 하고 지레짐작하는 이가 있겠지만 그런 게 아니다. 스무 살 때부터 쭉 그랬다. 공간을 고칠 때면 헌 가구 주워다 칠하거나, 가뜩이나 벗겨진 가구를 더 거칠게 벗겨서 투박한 맛을 내는 걸 즐기는 요상한 취향이랄까. 대단한 값을 치르고 사다 놓은 번드르르한 가구보다는 착한 가격으로 들여서 손맛 더해 완성한 가구가 더 멋있지 않나?

남편의 책상 옆에 가져다 둔 조그만 가구는 오래전, 그릇장으로 만들어 쓰던 물건이다. 여기저기로 막 끌고 다니며 칠하고, 또 칠하고, 유리도 바꿔 주고 하며 쓰던 건데 낡고 해진 태가 나서 왠지 더 아끼게 된다.

vintage glass

혹시 나처럼 누군가도 새것보다 헌것의 가치를 더 중하게 여기는 이가 있을까, 하여 설명한다. 가구를 제작하거나 방문에 쪽유리를 끼우거나 중문을 만들어 달거나 할 때 빈티지 유리를 잘 활용해 보라고. 투명, 불투명을 고를 수 있는 것은 기본인데다 가지가지 문양들이 나와 있기 때문에 취향껏 골라서 원하는 분위기를 만들 수 있다.

바닥은 있던 대로 그냥 두었다. 괜한 돈 안 쓰려고.

책상은 만들었다. 내가 원래 만드는 거 전문이라서.

소파인 듯 침대인 듯 한 것도 하나! 낮잠을 자라고.

1

2

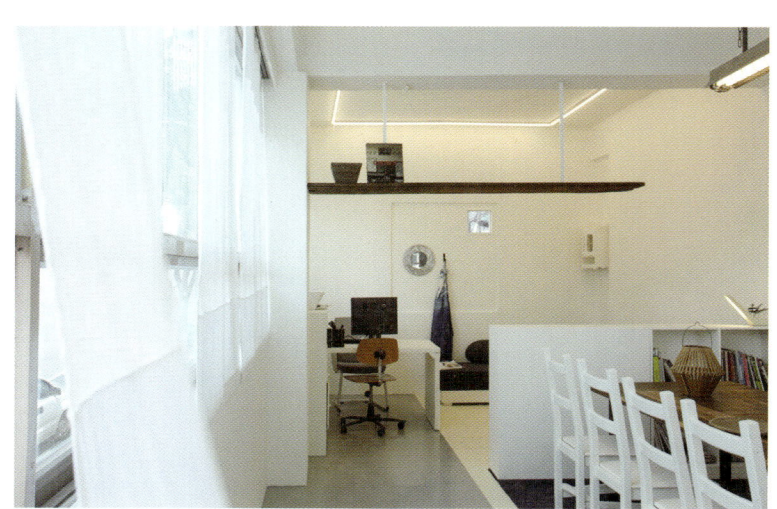

3

4

5

1 사진 오른쪽으로 보이는 기다란 테이블 하나. 노인네 다 된 사람 작업실에 이렇게 커다란 테이블이 왜 필요한가, 할 수도 있는데 그건 편견이다. 나이 들수록 사람들과 더불어 살아야지, 안 그러면 꼰대가 되는 법이니까. 게다가 우리 집 남자는 교회에 다니고, 성경 공부 하는 걸 좋아하니까 책상인 듯, 밥상인 듯 한 이런 게 있어야 할 것 같았다.

2 모양 빠지는 거 싫고, 웬만하면 있어 보여야 한다고 주장하는 내가 궁리해 만든 선반과 가벽. 폭을 비슷하게 만들어 위아래로 부착했더니 얘네가 무슨 이란성쌍둥이처럼 잘 어우러졌다.

3 공부하고 책 보는 거 좋아하는 사람이니까, 책상에서 가장 긴 시간을 보낼 거니까 가능하면 심플하고 편한 오픈형 책상이 좋겠다는 생각이 들었다. 막힘이 없는 ㄷ자 책상은 볕을 따라 어느 방향에 앉아도 좋다.

4 수납장 기능을 하는 가벽은 데코 공간이면서 또 하나의 벽처럼 활용할 수 있다. 메모를 붙이거나 달력을 걸라고 일러두었다.

5 청계천 복원 사업이 시작되기도 전이니 황학동을 드나든 지 20년도 훌쩍 넘었다. 그곳에는 따로 애쓰지 않아도 존재감이 있는 소품이 한가득이다. 대나뭇살을 이어 붙여 만든 이 우아한 조명은 여기저기 막 데리고 다니면서 쓰기 좋은 멋쟁이다.

초등학교 교실처럼 길게 쭉 뻗은 창 너머에는 커다란 나무 몇 그루가 서 있었다. 창문 앞에 서서 이 모습을 바라보면 좋겠다, 싶었다. 제철일 때는 푸릇푸릇하다가도 좋은 시절 다하면 노쇠하여 잎을 떨구는 나무. 하지만 해가 바뀌고, 삶의 온도가 달라지면 마른 가지에서 다시 새순이 돋아나는 게 나무의 이치가 아닌가. 사람의 처지도 나무와 다르지 않을 테고.

보증금 없이 1년 치 월세를 한 번에 치르고 마련했던 이 작업실은 딱 1년 만에 허물어졌다.

얼기설기한 거즈 원단을 끊어 창문에다 옷 입혀 주었다. 커튼을 모두 달아 두어도 답답하지 않다는 것이 거즈 커튼의 장점. 보일 듯 말 듯 안개처럼… 그런 매력이 있다.

그 1년 동안 남편한테 생색 참 많이 냈던 것 같다.

낮은 지붕과 단아한 마당을 가진
얌전한 한옥에서 노년을 보냈으면, 싶다.

신경옥의 잡담, 둘

서울에 이런 한옥

어른이라면 누구나 살아 보고 싶은 집이겠다

내가 아주 좋아하고 가까이 지내는 어떤 이가 허물어져 가는 한옥 하나를 구했다고 했다. 그것도 서울 한복판에, 은근히 멋진 동네에다. 곧 무너질 것 같아 도저히 그냥 들어가 살 수는 없다면서 고쳐 달라는데 마음이 요상하게 착잡했다. 부러운데 능력 부족이라서 나는 살 수 없으니 배가 아픈 것 같기도 하고! 그래서 더더욱, 마치 내 집 고치는 것처럼 진심을 부어 여기를 만졌다.

SPACE 2

구식 브라운 컬러의 나무 문. 대문 한쪽에 얇게 뚫어 놓은 구멍은 편지함이다.

부동산에 들어가서 한옥집 하나를 구해 달라고 하면 대략 난 감한 얼굴을 보여 준다. 요즘 같은 첨단의 세상에 한옥이 흔하겠나. 그런데 마치 운명이라도 되는 것처럼 이 집을 만났다고 했다. 서울이라는 도시 한복판에, 이렇게 단아한 골목길에, 구식 집이 떡하니 자리하고 있을 줄이야! 그래서 앞도 뒤도 안 보고 결정했다는 소담한 공간. 워낙 오래된 집이어서 뼈대만 남기다시피 하고 전부 다 손을 보았지만, 완성 후 모든 사람이 한자리에 모여서 기뻐했던 집이다.

우체부 아저씨가 대문에다 얇게 뚫어 놓은 홈으로 우편물을 넣고 가면 여기 보이는 액자 같은 함으로 똑 떨어진다.

고치기 전, 날것 그대로의 한옥
Before

시멘트 마당에 방부목을 깔았다. 흙을 덮어 둔 저 자리는 원래 장독대였는데 나무 한 그루 심을 요량으로 흙을 부어 두었다. 나무는 나중에 심었다. 땅을 파서 우물을 만들면 운치 있었겠지만, 그건 어려우니까 대신 수도를 심었다. 마당 물청소가 쉬울 거다.

나무로 덮여 있던 천장을 싹 뜯었다. 그랬더니 뾰족한 지붕의 형태를 갖춘 모습이 드러났다. 서까래가 드러나니 한옥의 풍치가 살아나 한층 운치가 있었다.

부엌 싱크대 하부장의 상판과 벽을 블랙 대리석으로 연결해 마감한 다음, 짙은 갈색 고재를 쫄대처럼 붙였다. 그 쫄대에다 빈티지 고리를 달아서 늘 쓰는 것들을 걸어 두게 했다.

싱크대는 기성 제품으로 선택했다. 그렇다고 딱 그대로만 완성하지는 않고 약간의 손맛을 보태어 힘을 실어 주었다. 싱크대 디자인을 넘길 때 상부장의 중앙을 문 없는 선반장으로 만들어 달라 요청한 뒤, 고재 틀에 빈티지 글라스를 더한 미닫이문을 달아 준 것. 이것만으로도 분위기가 확 달라졌다. 한 끗의 차이다.

거실과 부엌 그리고 모여 앉아서 밥을 먹는 식탁까지 한 통으로 뚫려 있는 구조.
그런데 별로 심심해 보이지 않는다. 그 해답은 천장에 있다. 뾰족 지붕을 구현한
천장의 고재 서까래는 중후하게 집을 감싸는 역할을 한다. 작은 알전구를 자유롭
게 연결해 재미를 더했다.

내가 손을 댄 집들을 가만히 들여다보면 격의 없이 자유롭게 디자인한 수제 가구가 많다는 걸 눈치챌 거다. 특히 소파가 그렇다. 저렴하면서도 실속 있는 가격의 소파도 물론 많지만, 디자인부터 소재까지 흡족하게 마음에 차는 제품을 고르려면 상당히 큰 비용을 지불해야 하니까. 특히 내가 좋아하는 좌식 비슷한 이런 소파는 구하기도 쉽지 않으니 만들 수밖에. 고재로 밑판을 만들고 패드와 쿠션을 마음껏 얹어서 소파 하나 완성했다. 식탁 의자 역시 똑같은 화이트 원단으로 커버를 제작해서 씌웠더니 소파와 식탁이 천생배필이다.

멋있는 집을 만들겠다고 하면서 집을 뜯어고친다. 이게 나의 일이다. 그런데 살면 살수록 내 마음을 채우는 생각이 있다. 세상 가장 좋은 인테리어는 사람의 온기라는 것. 그래서 아이가 아직 어리고, 그 조막만 한 녀석들이 하루 종일 엄마와 아빠를 찾는 집에는 인테리어니 뭐니 따지고 말고 할 것도 없다. 제각각의 사는 모양대로 제각각 아름다우니. 애써 꾸며 보았댔자 아이들이 그 집을 얌전히 놓아둘 리도 만무하고. 하지만 아이들 하나둘 집을 떠나 빈자리가 늘어난다면 그때는 비로소 나다운 공간을 만들어 보라고 말해 주고 싶다. 내가 평생 꿈꾸었던 집, 나의 취향과 생활 방식에 잘 맞는 집으로 만들어 놓고, 거기에서 안온한 일상을 만끽하라고.

이 집의 가족도 다르지 않다. 있는 힘껏 키워 낸 자식들은 모두 어른이 되어 자기 자리를 찾아가고, 성근 흰머리의 부부가 서로 오손도손하다. 대문 열고, 방문을 열었을 때 거기에 예전 같은 북적거림은 없을 테니 그 대신에 안락하고 정돈된 공간이 이들을 반겨 주었으면 했다. 특히 지금 소개하게 될 침실은 더더욱 그랬다. 온종일 고단했던 어른 둘의 몸이 푹 쉬어질 수 있는 자리로 만들고 싶었다. 군더더기 없이 깨끗하고 편안하게.

안채에 방이라고는 여기 딱 하나뿐이라서 좀 크다. 그래서 침대 한옆에 두 개의 암체어와 작은 테이블을 놓아 봤다. 잠들기 전에 잠시 앉아서 와인이라도 한잔씩 주거니 받거니 할 수 있도록. 물론, 마시자 치면 이 자리가 아니어도 어디서나 마실 수 있겠지만!

거울은 많을수록 좋다. 여기저기 거울 붙여 놓고서 수시로 얼굴을 체크해야 한다. 표정은 괜찮은지, 갑자기 주름이 확 늘진 않았는지 같은 것. 물론, 농담이다. 손바닥만 한 거울이 예뻐서 빈 벽에 붙였다. 괜찮다, 안 심심하고.

이것은 화장대. 텔레비전에 나오는 게 직업인 사람이라면 모를까, 화장하는 자리가 대단히 우람할 필요는 없을걸. 두 개의 서랍이 전부인 조그만 탁자를 화장대로 삼고, 필요한 것들만 올릴 수 있게 했다. 간단하게!

흰 커튼, 빨간 커튼을 섞어 달아 놓은 커다란 창문 아래쪽에 선반인 듯 평상인 듯 한 것을 만들어 붙였다. 내일 입을 옷을 꺼내 두어도 되고, 다리 아플 때 잠깐 앉아도 된다. 여기 앉으면 단아한 마당이 한눈에 보이니까 커피 한잔 들고 앉아 보아도 괜찮겠다.

침실에 딸려 있는 부부 욕실이다. 욕실의 문을 열면 타일부터 보일 거다. 벌집 같은 모양의 육각형 타일을 벽이고 바닥이고 할 것 없이 죄다 똑같이 붙였다. 그러지 말지, 하면서 불안해하는 사람도 있었지만 그냥 했다. 꼭 그렇게 벽은 무슨 색, 바닥은 무슨 색 나눠야만 하는 것은 아니니까. 하지만 이렇게 할 수 있었던 건 욕실 천장에 서까래가 더해지고, 군데군데 고재 원목이 안주처럼 곁들여졌으며, 타일 없이 매끈하게 마감한 흰 벽이 있었기 때문이다. 안 그랬으면 이렇게 처덕처덕 똑같은 타일을 발라 놓지는 않았을 거다. 내가 다 생각이 있는 사람인데!

이 욕실은 자세히 들여다봐야 한다. 식상하지 않게 꾸밀 수 있는 아이디어가 군데군데 숨어 있으니까. 물론, 일반적인 아파트 욕실이라면 이런 꾸밈이 불가능했겠지만, 만약 욕실이 넓은 편이라면 따라 해 봐도 괜찮을 거다. 욕조를 거의 쓰지 않는다는 말에 힘을 얻어 샤워 위주의 욕실로 꾸몄다. 보통은 유리로 만든 샤워 부스를 사다 붙이지만, 그게 싫어서 타일로 마감한 가벽을 세웠다. 앉아서 씻을 수도 있도록 타일 벤치를 만든 것도 좀 봐 줬으면 싶다.

샤워 부스를 대신해 줄 가벽을 만들 때 네모반듯하고 조그만 구멍 하나를 냈다. 씻을 때 쓰는 간단한 도구를 올려 둘 수 있으니까 편하고, 보기에도 재미있는 자리가 되었다.

수건이나 로브 같은 것을 정리해 둘 수납장은 욕실의 필수 품목이겠다. 가구를 들여놓는 게 어수선해 보일 수 있어서 마치 붙박이장처럼, 문 없는 오픈 선반장으로 정했다.

「사랑손님과 어머니」속의 그런 방이 여기에도 있다. 이 집의 마지막은 사랑방 이야기로 맺음을 해야겠다. 워낙 사람을 좋아해서 사람들 데려다 맛있는 거 해 먹이고, 같이 시간을 보내는 일이 많다고 했다. 그러다 보면 자연히 한 밤 자고 가는 손님들도 생길 거고. 그래서 마당에 별채처럼 마련되어 있는 방은 그런 용도로 만들었다. 별다른 가구 없이, 그저 단정한 방석과 붙박이 테이블로만 깔끔하게.

여기는 사랑채. 손님들이 편안히 머물다 가는 곳.

어른이 된 아들딸들이 엄마와 아빠를 찾아올 때도 이 방에서 자고 간다. 언제 불쑥 올지 알 수 없기 때문에 안채를 치울 때, 여기도 함께 청소하고는 한다. 아! 여기 이 방 바닥에도 부부 욕실에 쫙 뿌렸던 타일을 시공했다. 타일이 원래 더운 날에는 냉기를 주고, 추운 날엔 찜질방처럼 후끈한 열감을 선물하기 때문에 썩 괜찮다. 단, 어린아이가 있는 집이라면 추천하지 않겠다. 까불고 다니다가 꽈당 넘어질 수도 있을 테니.

여기에서의 '손님'에는 장성한 자녀도 포함이다.

소나기를 긋는 처마처럼 고마운 자리. 집이 그런 것 같다.

집은 늘 고맙다.

Episode 2 : 벽에다 무언가를

사람의 심리가 참 이상한 게 비어 있는 곳을 보면 마음이 착잡하다. 뭐를 걸까? 뭘 붙이면 허전하지 않을까? 이러면서 궁리하게 되는 거다. 그렇다면 해 보자. 어디 한번 채워 보자. 얼마나 그득해야만 마음이 안정되는지 보자. 선반을 하나 걸면 그 위에 무언가 올려야 하니 벽 꾸밈의 기본은 선반이라 하겠다. 액자 붙이고, 거울 달고 하면서 벽이랑 같이 놀아 보자.

주렁주렁 마음대로

이미 눈치챈 독자들도 있겠지만 나는 늘 제멋대로다. 규칙도 없고, 방식도 정하지 않고, 그냥 딱, 감이 오는 대로 한다. 특히나 벽을 채울 때 그런다. 사는 게 수학 공식 같은 건 아니라서 내가 정하면 그게 법이라고 여기는 것이다. 선반을 걸 때, 그 언저리 어딘가에 행거도 같이 붙이는 걸 좋아한다. 그럼 막 아무렇게나 주렁주렁 걸 수 있어서 은근한 컬렉션 코너가 된다.

폭 좁은 벽이 있다면, 그것도 마치 막다른 골목처럼 좌우로 벽이 지지해 주고 서 있는 그런 벽면이라면 선반을 걸기에 딱 좋은 자리다. 여기가 어디였더라? 욕실이었나? 방이었나? 아무튼 어떤 공간의 조그만 창 아래인데, 벽면 너비에 맞춰 선반을 달아 주었더니 마음에 갸륵한 평화가 찾아왔다. 그래서 나는 여기에다가 시시때때로 아무거나 막 올려 두고는 했다.

선반이라는 것은 대체로 눈높이, 혹은 일어서 있을 때의 눈높이보다 조금 더 높게 매다는 것이 보편적인데 꼭 그럴 건 없다. 좀 나지막하게 달아 놓으면 간이 책상처럼? 간단한 티 테이블처럼? 그런 모양이 되기 때문에 만족스럽다. 높낮이를 조절해 가면서 달아 보자. 오호! 이거 참 괜찮은 방법인데! 하면서 만족하게 될 거라 믿는다.

벽면의 크기에 딱 맞게 길쭉한 선반을 달아 준 집이 있는데
그 아래에다 조그만 빈티지 행거 하나를 붙였더니 꼭 액자처
럼, 그렇게 괜찮은 오브제가 됐다. 행거에 뭘 걸어도 좋지만,
그냥 비워 두어도 괜찮아 보였다.

secret mirror

벽을 꾸밀 때 선반만큼이나 유용하게 쓸 수 있는 건 거울이다. 거울의 디자인이나 디테일에 따라 멋이 달라지기도 하고, 무엇보다 어떤 각도에서 바라보는가에 따라 거울 속에 담기는 풍경이 달라진다는 것도 매력적이다. 아주 작은 거울, 큰 거울 할 것 없이 대체로 다 카리스마가 있다. 묘한 애다, 거울이라는 애는.

1 어떤 방의 벽면에다 커다란 거울을 달았더니 반대편 공간이 비쳐서 액자 같아 보였다.

2 나무 틀을 부착해 만든 거울은 단아한 복고 이미지를 만들기에 좋다. 정말 딱 좋다, 이 거울!

3 손잡이가 달린 조그만 거울은 손에 들고 보라는 건데 나는 벽에다 붙였다.
레이스 원단을 베일인 듯 씌워 주었더니 왠지 경건해지는 느낌이 든다.

4 벽면 아주 높은 곳에 동그란 거울을 붙였다. 이 거울은 들여다볼 수 없다. 그냥 액자 같은 거다.

1

2

누군가의 집을 고칠 때 벽면 어딘가에
다 거울 하나쯤은 달아 주고 돌아온다.
거울 그 너머로 바라보는 공간의 모습
을 즐기라는 의미도 있지만 오며가며
거울 속에 담긴 스스로의 모습을 보라
는 뜻이기도 하다. 밉든 곱든 거울 속에
들어 있는 나를 보면서 잘 살고 있는지,
내 얼굴이 마음에 드는지 점검해 보면
좋을 것 같기 때문이다.

3

4

아파트나 빌라를 주택인 듯 꾸며 볼 뾰족한 방법은 없다? 아니, 있다!

SPACE 3

창과 문이 말을 거는 집

방방마다 전부 다른 디자인으로

대부분의 집은 창문, 방문이 쌍둥이다. 공동주택이
라는 이름하에 꾸밈마저 조직화된 아파트나 빌라
는 더욱 그렇다. 왜 꼭 그래야 할까? 여기만의 멋을
만들기 위해 한 가지 핵심을 잡아야 했는데 난 그
것을 이렇게 결정했다. 방방마다, 공간마다 서로 다
른 창문을 달고, 미닫이 여닫이를 섞어 재미있는
문들을 만들어 보기로 한 거다. 창이나 문이 똑같
은 건 하나도 없도록!

거실이다. 그런데 아직 이사를 하지 않아 텅 비었다.

겨우 창문밖에 못 보여줘서 아쉽고 송구하다.

싱크대 카탈로그를 펼쳐서, 혹은 전시장을 돌아보면서 평형별로 디자인해 놓은 제품을 쭉 살핀 다음, 하나를 찜한다. 물론, 예산에 맞는 걸 고르게 되겠지. 그럼 며칠 있다가 싱크대가 도착하고, 두꺼비네 헌 집 같았던 부엌이 쌔끈매끈하게 변신한다. 간혹 조금 특색 있는 디자인이 들어가는 경우도 있겠지만, 부엌 가구는 보통 이런 과정을 통해 설치된다. 간단하고 편리하며 합리적인 방법이다. 하지만 그렇기 때문에 아파트건 주택이건 모든 부엌이 비슷비슷 닮아 있다.

부엌에서 싱크대는 매우 중요한 요소. 그래서 나는 기성 제품만으로 부엌을 완성하는 편이 아니다. 그럼 재미가 없으니까. 규격화된 제품을 구입하더라도 상부장을 없앤다거나 상부장의 문짝 하나라도 특색 있게 제작해서 부착해 본다거나 하는 식의 아이디어를 더하면 확실히 다른 공간으로 완성할 수 있을 거다.

이 부엌은 라이프스타일을 고려해서 디자인한 수제 가구로 꾸몄다. 특히 상부장을 없애고, 듬직한 고재 선반과 크기나 모양이 서로 다른 수납장을 매치한 벽면 위쪽이 올드 빈티지의 멋을 보여 준다. 싱크대 상판과 연결해서 벽면의 일부분까지 블랙으로 마감했더니 왠지 좀 묵직하게 분위기를 잡아 주는 것도 같다. 오염이 생겨도 쉬 눈에 띄지 않을 테니 살림하는 마음이 아주 편안하겠다.

옛 부엌이 생각나는 곳,
왠지 부뚜막이 숨어 있을 것만 같은!

부엌과 다용도실 사이의 벽을 없애고 그 벽을 그릇장으로 만들었다. 베란다의 큰 창을 통해 쏟아지는 볕이 흘러 들어와 주방까지 환해진다. 다용도실 문까지도 가구의 연장선이 되도록 디자인해 통일감을 더했다.

반투명의 빈티지 글라스를 끼워 만든 그릇장의 미닫이문. 고풍스럽고 단아한 매력이 있다. 어떤 그릇을 진열해 두는가에 따라서 분위기가 달라질 거다. 봄에는 꽃그림 화사한 녀석들을 넣어 두고 감상해도 근사하겠다.

이 집 부엌에는 별의별 아이디어를 죄 심어 두었다. 매의 눈으로 들여다보고 응용해 보면 어떨까, 싶다. 가스레인지 옆에 딱 붙여 놓은 서랍장은 인조 대리석과 고재를 섞어서 제작했고, 상부장은 문짝에 행주걸이를 달거나 후드 커버에 액자를 붙여 재미를 더해 봤다.

다용도실이면서 빨래터인 곳. 싱크대 형태로 만들지는 않았다. 보통 다용도실에 간이 싱크대를 넣기도 하는데 나는 그냥 내가 좋아하는 방식의 물 쓰는 자리를 구상해서 제작했다. 두 개의 수도꼭지가 있는 저기에서 손빨래를 하거나 김치 같은 걸 담글 때 재료 손질을 하거나 그럴 수 있겠다. 섀시 창 앞에 블랙 컬러 미닫이문을 설치하고 로코코 감성의 까만 무늬 타일을 깔았는데 괜찮아 보인다. 손바닥만 한 블랙 프레임의 거울과 하얀 선반은 덤이다.

사실 나는 그렇게까지 열심히 살림을 하면서 살지는 못했다. 밖으로 나가 돌아다니면서 일하는 시간이 훨씬 많았으니까. 하지만 살림하는 사람의 마음을 모를 리는 없다. 편리한 세탁실 하나 갖고 싶은 마음 같은 것도 잘 안다. 세탁기와 건조기 둘이 빨래를 해 주면 여기에서 개고, 여기에서 다림질까지 마칠 수 있다.

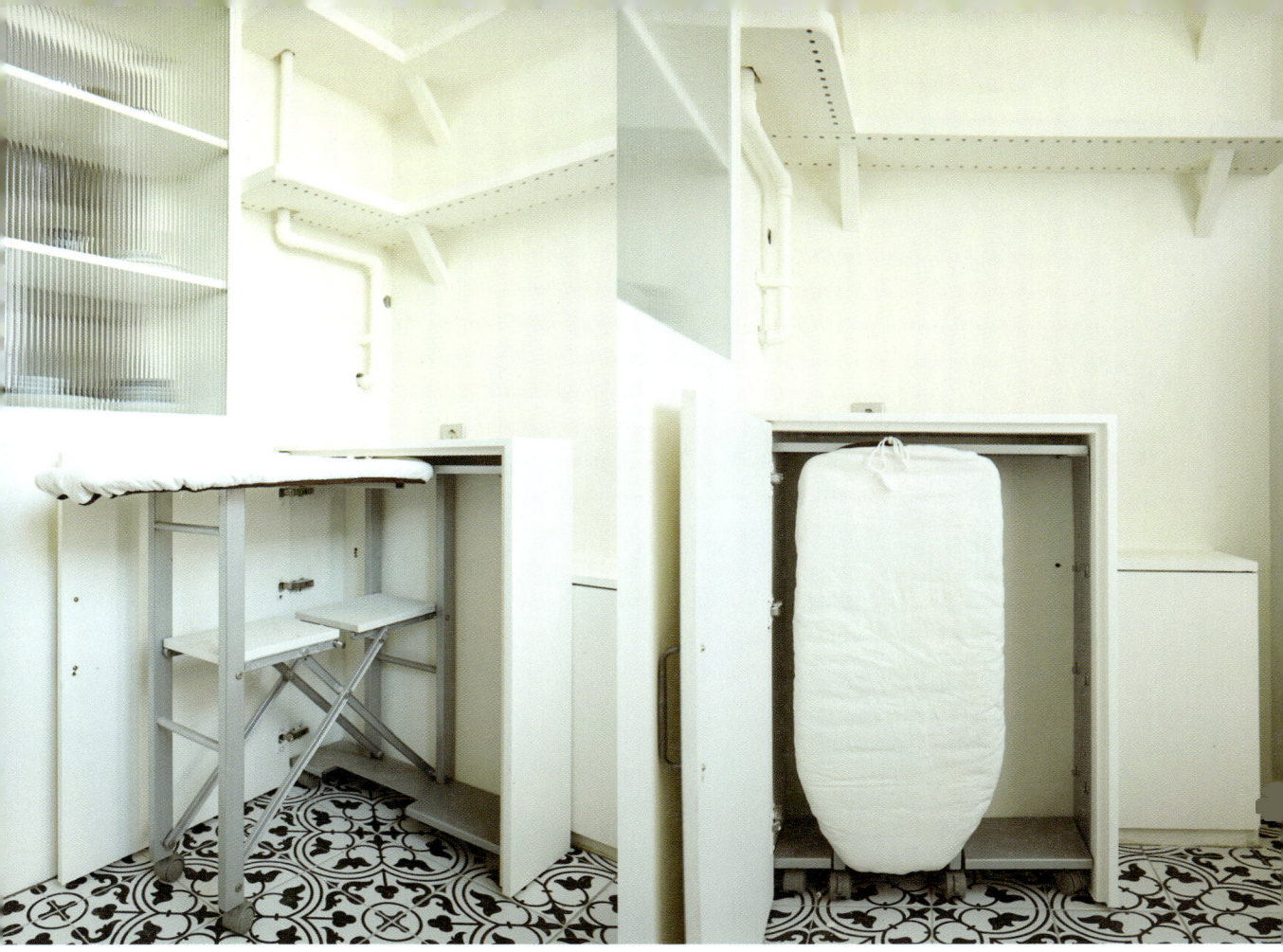

접었다 폈다 하면서 쓸 수 있는 다리미대를 수납장 안에다 딱 숨겨 두었기 때문에 세탁소 부럽지 않은 다림질이 가능해졌다. 덕분에 빨래의 모든 것을 책임지는 원스톱 공간이 된 것 같다.

혼자 먹어도, 여럿이 먹어도
밥을 먹는 그 자리가 항상 폼나도록!

집을 고칠 때 특히 중점을 두는 것은 수납 공간을 충분히 마련하는 일이다. 사람 사는 데 필요한 물건이 얼마나 많은가. 그것들의 자기 자리를 만들어야만 항상 깨끗한 집을 유지할 수 있을 테니, 멋대로 허물었다가는 잡혀 가는 내력벽이 아니라면 그 벽을 뚫고 수납장을 설치하는 일이 가능하다. 그래서 식탁 한옆의 벽면에 붙박이 형태의 수납 가구를 짜 넣었다. 꽤 많이 들어갈걸! 철제 소재의 블랙 컬러 다리에 고재 상판을 얹은 식탁은 재료를 따로따로 구입해서 만들었다. 이런 건 아무 데서나 안 파니까.

26　27　28　29　30　31　3

ar You　　　　　NOW CELEBRATING OUR

한 끗 차이라는 말이 있는데 내가 또 이 말을 좋아한다.
식탁 상판의 옆구리에 긴 나무자를 붙였더니 뭐지? 왜 멋있지? 싶다.

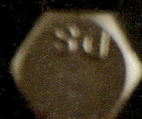

나지막한 테이블은 고재 상판에 바퀴 달린 철제 다리를 달아 제작했다. 수고스럽기는 해도 수제 가구는 확실히 멋지다.

여기는 서재이면서 티룸이고, 간혹 손님이
찾아와 하룻밤 머물다 갈 수도 있도록 기능
을 더한 다용도 공간이다. 소파이거나 침대
이거나 싶은 박스 형태의 몸통을 만든 다
음, 두툼한 스펀지와 쿠션을 얹었다. 진한
네이비 컬러의 커튼을 입히고, 생뚱맞은 자
리에다 길게 늘어지는 펜던트 하나 달았더
니 왠지 사색의 방 같은 느낌을 풍긴다.

아쉽다. 여기에 모든 가구가 다 들어오고 나서 촬영을 했으면 좋았을 텐데! 여건이 그렇지가 못해서 이사 들어오기 전에 촬영할 수밖에 없었던 걸 이해해 주시길.

침실이다. 여기도 역시 창문이 좀 별스럽다. 볼록볼록 튀어나온 두 개의 붙박이 테이블 사이에 퀸 사이즈 침대가 쏙 들어가게 된다. 테이블에 맞춰서 벽등도 부착했다. 부부는 일심동체라지만, 자고 싶은 사람은 자고, 깨어 있고 싶은 사람은 불을 켜라고. 침대 맞은편 벽, 창가 쪽의 그 벽에 벤치인 듯싶은 앉을 자리도 하나 만들었다.

나지막한 수납장과 널찍한 붙박이 화장대!
씻고 나와서 바로 모든 것을 할 수 있는 곳.

침실을 지나서 욕실로 가는 골목길.
파우더 룸을 이렇게 꾸며 봤다.

1

2

1 뭐든 걸어 둘 수 있는 자리는 많을수록 좋을 테니까. 문 밖에서 옷을 다 벗고 욕실로 들어오는 건 좀 신사 숙녀답지 못할 것 같아서 욕실 안에 검박한 행거를 붙여 두었다. 고재 나뭇조각에다 까만 못을 박아 만들었 는데 별건 아니어도 쓰임새가 백점이다.

2 비누, 치약, 샴푸 같은 욕실 비품을 담아 둘 수납장. 세면대 가까운 자리의 벽을 뚫은 다음, 매립식으로 만 들었다. 얘가 톡 튀어나와 있었다면 보기 싫었을 텐데, 깊숙하게 묻어 놓았더니 얄밉도록 야무지다.

예뻐진 이 집에서 더 행복했으면, 집을 고칠 때마다 기도한다.

어디 먼 데 떠나온 것처럼 좀 설레면서
앉았다 오는 쉼의 자리가 있으면 싶다.

신경옥의 잡담, 넷

SPACE 4

집을 닮은 다이닝바 하나

이국적인데 집처럼 편안하게

내가 그동안 여행을 꽤 다녔지. 다니는 거 좋아해서! 다이닝바를 시작한다는 누군가에게 꾸밈 의뢰를 받고선 그동안 새처럼 훨훨 날아다니며 보았던 여행지의 기억을 떠올려 봤다. 특히 노천 카페 천지인 유럽 어디어디가 아주 생생했다. 그래, 먼 데로 떠나온 기분을 느낄 수 있게 꾸미자. 여행자가 된 것 같아서 좋은데 집처럼 아늑해서 더 좋은 그런 곳으로! 여기는 신경옥이 만진 다이닝바 'sewa 세바'다.

이제 막 생겼으나 마치 유서 깊은 장소인 듯이, 도시 안에다 차렸지만 저 너머에 바다가 있을 것만 같은, 그런 다이닝바! 그래서 여기에 들르면 여행자의 기분이 되는, 그런 곳이었으면 했다.

알고 보면 별것도 아닌데 비밀스럽게 보이는 자리를 만드는 게 재미있다. 그릇장이면서 벽장이다. 벽에다 홈을 내고, 빈티지 글라스를 끼워서 미닫이문으로 만들었다. 안쪽에 진열해 둔, 혹은 보관해 둔 그릇들이 넌지시 보여 예쁠 거고, 이 벽면 앞에 앉은 손님들은 색다른 노하우라며 사진을 찍을걸. 색이 조금씩 다른 와인잔이나 유리잔 같은 것을 일렬로 세워 두었더니 참 고운 자태의 시그니처 월로 자리매김하게 되었다.

집 꾸밈에 따라 해도 괜찮을 것 같다. 멀쩡한 벽을 뚫기는 무섭다면, 어딘가 가벽 하나를 세울 때 이렇게 해 보길!

폭이 좁은 틈새 벽면에 매립식 선반을 만들고 거기에 와인병을 툭툭 쌓아서 보관하게 했다. 빈티지한 철제 프레임의 문을 달아주었더니 아주 오래된 중세 시대의 감옥? 왠지 그런 느낌이다. 딱 갇혔다, 와인들! 서로 모양이 같은 와인 글라스를 층층이 정리해 두었는데 이것도 은근히 디스플레이 아이템이 된다.

옛 정취를 품은 물건들이 녹아들어 운치 있는 공간

새로 생긴 곳인데 손잡이가 마치 100년 된 어딘가처럼 낡아 있다. 주인과 내가 빈티지로 대동단결했기 때문에! 창문에 유리를 끼워 만든 선반, 크리스털 소재의 펜던트, 탐나는 미니 금고 그리고 낡은 뒷박 속에 안착한 냅킨. 옛것들이 만나 컬렉션 공간의 멋을 전하고 있다. 이곳에 놓인 모든 테이블은 고재에 철제 다리를 달아서 만든 수제 가구다.

욕실 입구의 블루 캔들 다발과 고서. 이제 곧 빈티지 블루의 공간과 만나게 될 것임을 예고하는 서스펜스 아이템이다.

어쩌면 다이닝바이기 때문에 가능했을 절묘한 블루 컬러의 욕실. 스테인드글라스로 완성한 도어가 판타지 같은 멋을 뿜어낸다.

비누 받침 하나도 별스럽게! 납작한 돌을 세면대 위에 얹었더니 이보다 더 좋을 수 없는 소품이 되었다.

체리를 닮은 빨간 헤드의 빈티지 후크를 고재 나뭇조각에 달아서 부착했다. 손님들의 외투나 가방을 잠시 받아 줄 도우미라 하겠다.

신혼은 다 이쁘다.
옹기종기한 집, 알콩달콩한 두 사람.
여기가 딱 그렇다.

신경옥의 잡담, 다섯

SPACE 5

소꿉놀이터 같은 작은 집

쓸모 있는 벽으로 효율성 높인

이쁜 연인이 결혼을 했다. 작은 아파트다. 본격적으로 막 뜯어고치고 그랬던 집은 아니다. 새 숨을 불어넣듯이 조금만 손을 봐준 신혼집이라고 해야 할 거다. 아쉬운 자리도 꽤 있었지만 질끈 눈 감고 모른 척하자고 했다. 이제 막 시작하는 새 인생이니, 앞으로 얼마든지 더 멋있는 집을 가질 수 있지 않겠나.

붙박이 수납장을 부엌과 거실 사이에 심었다.

고재로 문짝을 만들었더니 진중한 게 괜찮다.

**초록 타일로 힘을 준 조그만 부엌,
마치 여름의 숲 같은!**

작은 집을 효율적으로 누리기 위해서는 무엇보다 수
납 공간 확보에 중점을 두는 것이 방법이다. 이 집의
경우는 가벽을 활용해 없던 공간을 만들면서 대부
분의 가구를 붙박이 형태로 제작했다. 지금 보고 있
는 부엌 한옆의 공간이 그 좋은 예다. 신혼집인 만큼
큰 비용을 들이기보다 소규모로 단장했기 때문에 무
언가 액센트가 될 아이템이 필요했는데 그중 하나가
바로 부엌의 초록색 타일이다. 힘을 딱 잡아 주면서
경쾌한 느낌이 든다. 아침에 밥 지으러 나오면 숲에
온 것 같을 거다. 부엌 창에도 나무 선반을 질러서 뭐
든 올릴 수 있게 했다.

부엌 한옆으로 정말 작은 방 하나가 있는데 여기가
두 사람의 부부 침실이다. 아무래도 좀 산만하게 느
껴질 수밖에 없지 않겠나. 무언가 좀 아늑한 공간으
로 만들어 주고 싶어서 묘안을 짰다. 방 앞으로 마치
전실 같은, 또 하나의 공간을 만들기로 한 것이다.

냉장고 옆면을 가려 주는 딱 그만큼의 가벽을 시작
으로 미닫이문이 있는 네모반듯한 또 하나의 공간
을 더했다. 보통 때는 미닫이문을 열어 놓고 지낼 수
있고, 닫으면 그야말로 아늑한 잠을 청할 수 있는 공
간이 된다. 대신 기존의 방문은 떼어 내고, 얇은 커튼
을 달아 새로운 분위기를 냈다.

전실 같은 공간인 침실 입구에도 붙박이 수납장을
짜 넣었는데, 이게 또 신의 한 수다. 두 개의 붙박이
수납장이 등을 대고 서 있는 형태로 완성할 수 있게
되었으니까. 그럼 또 하나의 수납장은? 욕실 입구
쪽에 있다. 타월 같은 자잘한 욕실용품들 터전이다.
많으면 많을수록 좋다는 수납장 맛집! 여기가 꼭 그
렇다고 해야 하나.

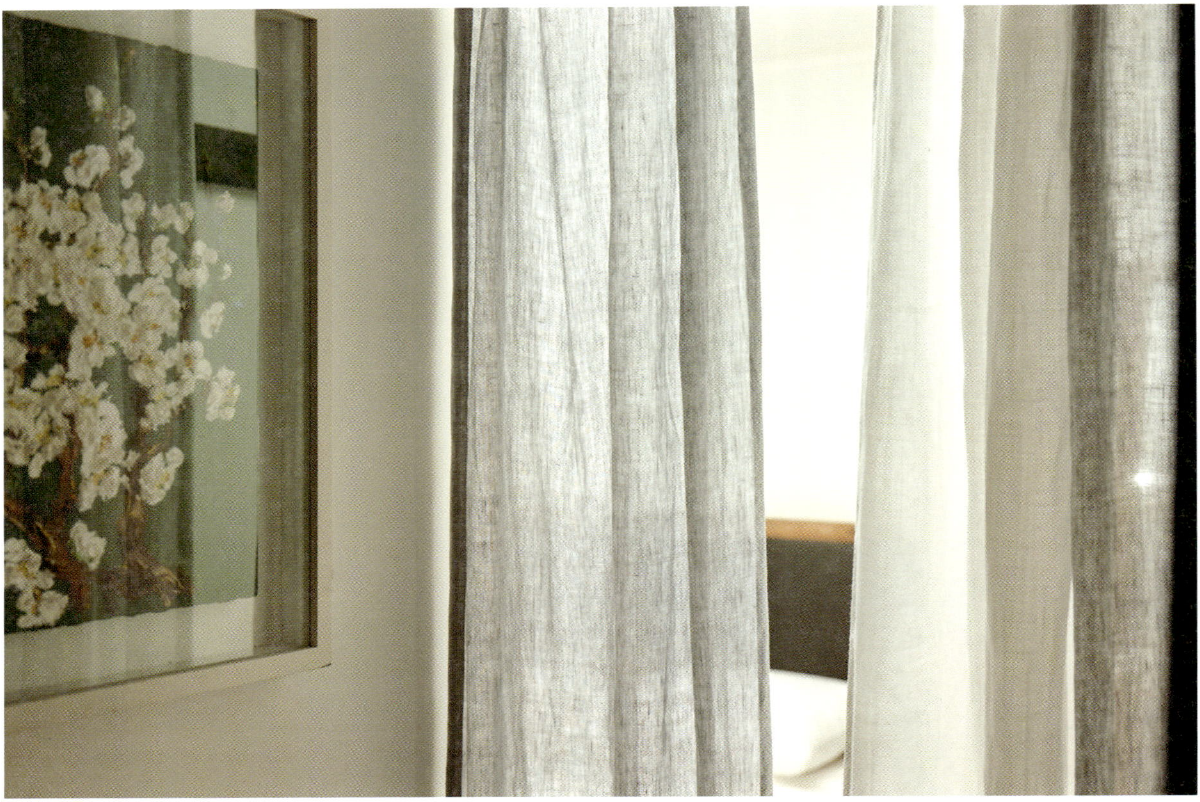

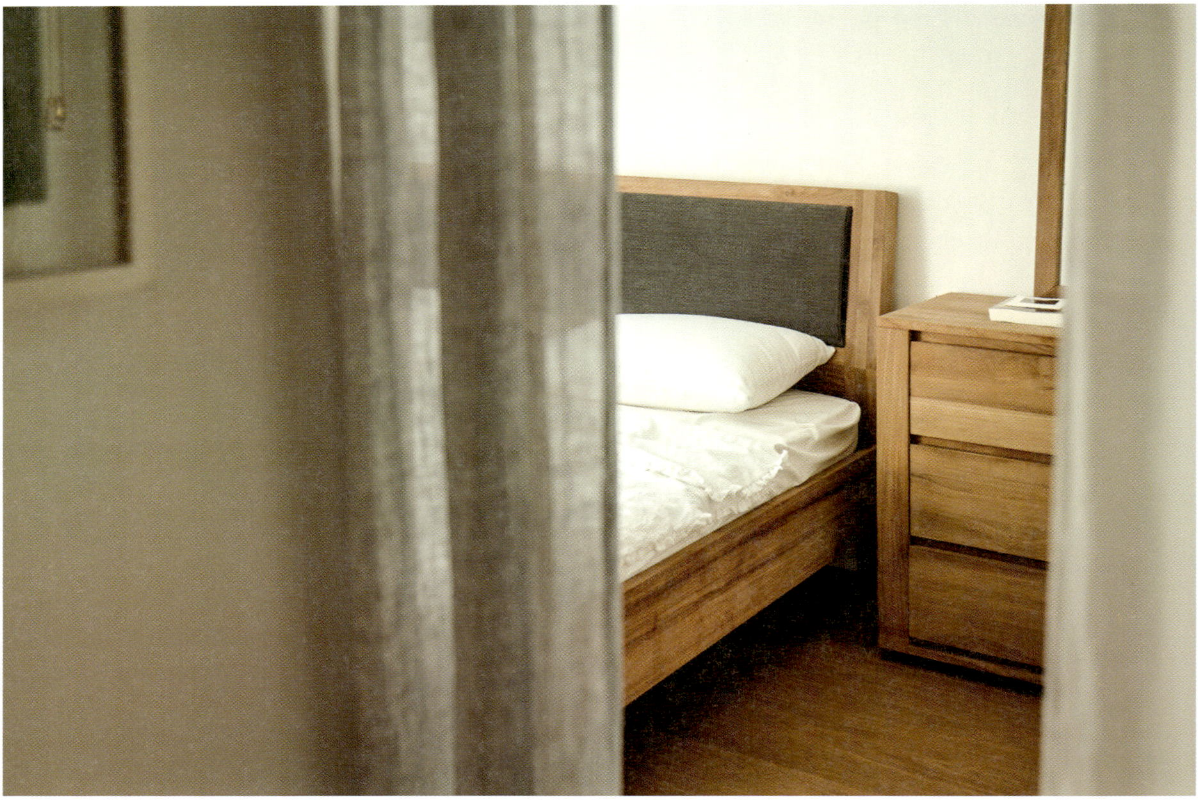

작고 아늑하다!
딱 호텔 룸 같은, 잠이 쏟아지는 방

사실, 침실에 많은 가구와 살림이 있어야 할 이유는 없다. 다시 말해 침실이 그렇게까지 넓은 방이어야 할 필요가 없는 거다. 침실의 목적은 깊은 수면, 잠이 잘 오는 곳이어야 한다는 게 명백한 사실 아닌가.

작아서 아늑하고, 작으니까 불필요한 물건을 들이지 않아도 좋은 공간. 여기가 신혼의 침실이다. 앞장에서 말한 것처럼 방문을 떼어 내고 가벼운 리넨 커튼을 달았더니 꼭 홍콩 영화 속에 등장하는 방처럼 보인다. 볕이 좋은 창은 이중 커튼으로 마무리하고, 창가에 선반 하나, 그리고 서랍장. 이것이 전부인 방이다. 이만하면 됐다.

사실 이 집의 진짜는 유리창 너머 거실이다.

먹고 자고 놀고 이야기가 무르익는 곳!

나는 소박한 판타지를 좋아한다. 너무 허무맹랑한 희망은 현실감이 없으니까 재미없고, 그렇다고 그냥 현실적이기만 한 건 맛이 없어서 싫다. 적당히 꿈꿀 수 있고, 적당히 실현 가능한 소망. 이런 게 사는 데 꼭 필요한 판타지 아닐까.

누군가의 집을 고칠 때, 그 누군가와 비교적 많은 이야기를 나눈다. 무슨 색을 좋아하고, 어떤 취향을 가졌으며, 라이프스타일은 어떠한지. 집 꾸밈에 필요한 사전 조사 같은 거다. 그런데 간혹 그런 기초 설문 말고, 마음과 마음이 오가는 진짜 이야기를 만날 때가 있다.

어떤 집을 꿈꾸는지 반짝반짝 빛나는 눈으로 말하는 사람,

말 안 듣는 사춘기 아이 방에 말 잘 듣게 하는 마법을 부려 달라 하는 사람,

식구가 다 모여서 밥 먹는 시간이 정말 행복했으면 좋겠다고 하는 사람,

마당도 없는데 꽃밭을 만들어 달라는 사람,

작은 집에서 시작하지만 10년 안에 굉장한 집을 가질 거라 하는 사람도!

그러면 나는 옳거니! 하고 말해 준다. 분명히 그렇게 될 거라고.

집은 숨이다. 집은 화초처럼 살아 있다. 열심히 물을 주고, 볕을 주고, 바람이 통하게 해 주면서 길러야 하는 게 집이다. 벽지가 무슨 색이고, 가전은 또 뭐고, 어떤 가구를 놓거나 무슨 조명을 가져다 붙이거나 하는 일들로 집이 완성되는 게 아니다. 그 집을 만드는 건 그 집에 사는 사람들이다. 웃는 사람들, 밥을 잘 먹는 사람들, 행복한 사람들, 꿈꾸는 사람들… 그런 사람들.

그런 사람들을 만날 때 나의 '촉'이 발동을 한다. 잘해 주고 싶다고 생각한다. 있는 힘껏 희망을 불어넣어 꾸미고 싶어진다. 그런데 여기, 이 집의 사람 둘이 그랬다. 이제 막 가족으로서 첫걸음을 내딛는 두 사람이 얼마나 쿵짝이 잘 맞고, 얼마나 이쁘던지 혹, 하고 반해 버렸다. 그래서 나는 마치 친정엄마 같은 마음으로 두 사람의 작은 집을 정돈해 주었던 것 같다.

현관 가까이에서 베란다까지 쭉 이어지는 커다란 벽면에 책장을 짜 넣었다. 절반은 오픈장으로, 나머지는 미닫이문을 달아 안정감 있게! 등받이가 낮은 6인용? 8인용? 어쨌거나 커다란 소파와 카우치를 만들어 배치했더니 50평대 집이라 해도 믿겠다. 낮잠 자는 연기를 하고 있는 주인! 실제로 저러는 날이 많다. 햇볕 쏟아지는 낮에 책을 펼치고 읽다 보면 그 책은 이내 얼굴 이불이 되기 십상이니까. 소파와 테이블은 직접 만들었다. 말하자면 이 집의 메인이라 할 수 있는 곳, 거실이다. 커다란 벽면 하나를 책이 꽉 채우고 있는 자리. 베란다를 확장한 뒤 섀시 창 앞에 나무틀을 가진 창문 하나를 더하고, 작은 집에는 영 놓기 어려운 아주 커다란 소파와 파우치를 용감무쌍하게 배치해 보았다. 집이 좁아 보이기는커녕 외려 넓어 보인다. 여기에서 책 읽고, 뭐도 먹고, 잠도 자고, 노래도 듣고, 영화도 본다. 와인도 한잔 하고, 함께할 미래에 대한 진지한 이야기도 나누는 곳이다. 복합 문화공간이네? 좋다, 이런 자리. 둘이 늘 함께 있고 싶은 거실을 만들어 달라고 했던 두 사람의 마음도 좋다. 검은 머리 파뿌리 될 때까지 그 마음 나눠 가지며 행복하기를!

**두 사람이 함께 있을 때,
둘이 따로 있는 시간에도
서로가 좋아하는 일을
뭐든 다 할 수 있는 거실**

Episode 3 : 붙박이 가구라는 것

브랜드에서 출시하는 붙박이장은 대개 정형화된 디자인이다. 그럴 수밖에 없다. 어느 공간에나 쉽게 적용되면서 최상의 수납 컨디션을 유지해야 하는 가구니까. 그런데 만일 리모델링을 계획 중이라면 목공의 힘을 빌려 나만의 가구를 만들어 보는 것도 방법이겠다. 꼭 커다란 가구만 붙박이장이라고 생각할 것도 없다. 공간에 딱 맞게 요모조모 궁리해서 만들면 우리 집만의 개성 만점 아이템이 될 수 있을 테니까. 혹시 이런 구경이 필요한 독자들도 있을 것 같아, 이 책에 소개한 공간마다에서 몇 가지 스타일의 크고 작은 붙박이 가구를 추려 요점 정리를 했다.

한 꿋이 다른

부엌을 만드는

약간의 아이디어

1

2

3

1 앞장에서 소개했던 한옥의 싱크대. 보편적인 디자인의 하얀색 수납장에 빈티지 찬장의 고재 프레임을 덧붙여 새로운 스타일을 만들었다. 같은 고재를 벽면에 길게 부착해서 행거로 쓸 수 있게 했는데, 덕분에 문짝이 저 혼자서 너무 튀지 않고 잘 어우러져 보인다.

2 부엌 가구를 꼭 한 가지 디자인의 세트로 통일해야 하는 것은 아니다. 높낮이나 디자인이 다른 수납장, 미닫이 혹은 여닫이문 방식 등을 한데 매치하면 특색 있는 공간으로 만들어 줄 테니. 냉장고 윗면에 날씬한 수납장을 짜 넣고, 모루 유리(줄 유리)를 미닫이문 형태로 부착해 보았더니 새로운 재미가 생겼다.

3 역시나 문짝 하나만 바꿔서 힘을 실어 준 부엌 가구 디자인이다. 오픈 형태의 수납장을 짜맞춤한 뒤 문짝 틀에다 진한 초콜릿 컬러의 도색을 하고, 반투명 유리를 끼워 부착했다. 마치 액자를 달아 놓은 듯 시선을 모으는 효과가 있다.

벽과 혼연일체를 이룬 요상한 붙박이 가구. 공간에 독특한 감성을 불어넣는 일등공신이 되었다.

침대 옆에 아주 애매한 공간이 남았다. 화장대를 만들기로 했다. 서랍 형태로 간단하게 디자인한 뒤 벽에 찰싹 붙여 완성했다. 여기에 조그만 거울 하나 곁들이니 손색없는 화장대가 되었다.

나지막한 서랍을 붙박이 형태로 매치했다. 조그만 창문과 흥미롭게 어우러진다. 잠시 앉아 갈 수 있는 벤치처럼 활용할 수도 있다.

간혹 대형 스크린이 되기도 하는 빈 벽 한쪽에다 얄미운 크기의 수납장 하나. 벽에 딱 붙어 있으니 걸리적거리지 않는 매력 포인트가 되었다.

가벽처럼 활용할 수도 있어서 더 좋은 붙박이장의 사례. 중앙 부분을 오픈 형태로 만들어 답답한 느낌을 지웠다.

작아도 쓸모 있는 틈새 전략 가구들

침대의 헤드보드와 협탁, 심지어 조명까지 한몸이 되었다. 네모반듯한 서랍은 협탁으로서의 기능은 물론

간단한 물건을 수납해 두기에 알맞고, 무엇보다 청소가 쉽지 않겠나. 이렇게 붕 떠 있으니!

사람과 집은 함께 늙어 가는데
집만 고쳐 쓰고, 사람은 못 고친다.
속상하게.

신경옥의 잡담, 여섯

세월이 깃든 부부의 집

남쪽 소도시의 오래된 상가 주택

집을 고치는 나 같은 사람의 입장에서
는 오래된 집이 참 재미있다. 이 집이 그
랬다. 위의 두 사진을 보면 얼마나 재미
있었겠는지 짐작할 수 있을 거다. 중년
을 넘긴 부부가 함께 사는 공간인데 워
낙 누군가를 데려다 맛있는 음식 먹이
는 것을 좋아하는 부부라서 손님 초대
가 잦은 편. 인심 좋은 주인 취향에 맞게
열심히 단장했다.

SPACE 6

파란 문을 열고 들어가면
어서 오세요, 반겨 주는 길쭉한 현관

허름하지만 정감 있는 상가 계단을 따라 쭉 오르다 보면 이 집의 현관이 등장한다. 복도의 느낌과는 확연히 다른, 산토리니 블루 컬러를 입힌 현관문. 고전적인 듯 아닌 듯, 그런 디자인의 문을 만들어 파란 페인트를 입혔다. 한쪽 벽면에는 신발장 하나 만들어 박았는데 디자인이 꽤 재미있다. 쪽쪽이 고재 패널을 이어서 문짝을 만든 다음 하얗게 칠했더니, 뭔가 절묘한 아우라가 느껴지면서 꼭 디자이너의 집 같아 보인다. 디자이너 부부는 아니다. 오랜 세월, 사업이라는 걸 하면서 서로 등 두드려 주고 아끼며 살아온 정다운 부부의 집이다.

흔히들 현관은 집의 얼굴이라 그러는데 이 집이야말로 진짜 그렇다. 단아하고 정답다. 저기, 저 파란 문을 열고 들어가면 간단 욕실이 등장한다.

현관 한쪽에 간이 욕실을 지었다. 집에 들어오면 제일 먼저 손을 씻고, 급할 땐 급한 용무도 빨리 보라고! 신발
장과 세트인 나무 패널 벽면이 멋있지 않나?

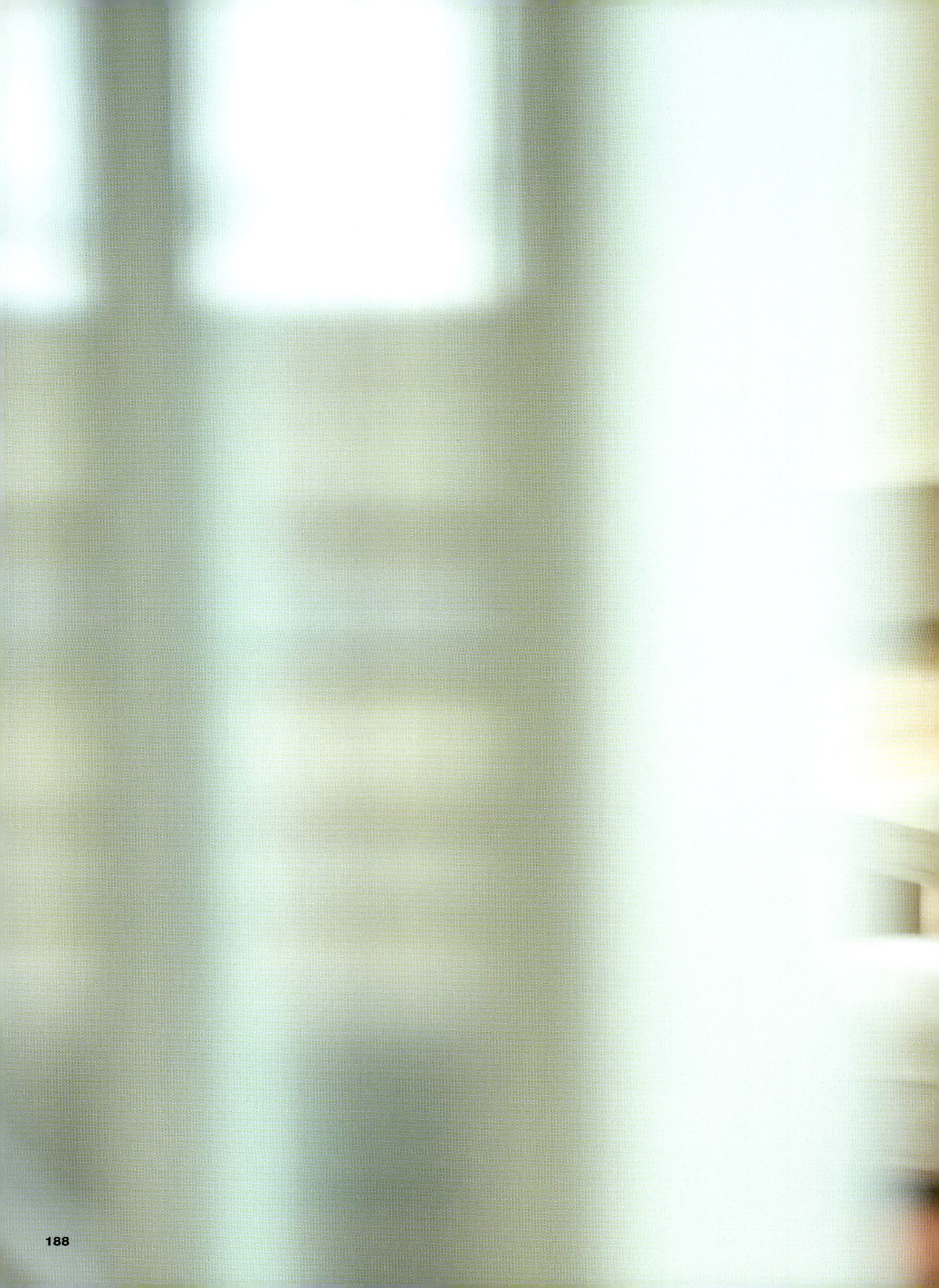

블루, 블루한 거실
나이가 들수록 마음은 점점 더 파래지는 법이다.

그린, 그린한 이부자리가 있는 침실
나무 같은 마음으로 살아온 부부의 공간이다.

뜀박질하듯 살아온 나날들

이제는 좀 편안하자고

아늑하게 완성한 숲속 같은 침실

연배가 있는 부부의 침실을 꾸밀 때는 되도록 가구의 수를 줄인다. 장식도 최소한으로만! 어수선하지 않고 단정하게 꾸미는 편이다. 사람 사는 게 겉으로는 대단히 달라 보여도 깊숙이 들여다보면 다 힘들고 복잡하다. 그러니 그 고단함을 충분히 겪어 온 두 사람이 편안하게 쉴 수 있는 조촐한 공간으로 꾸며 주고 싶은 까닭이다. 여기도 다르지 않다. 도장 벽에 우드 패널을 조합하고, 프렌치 스타일 덧문을 창에 달아서 멋을 냈다. 가구는 그저 침대 한 채와 서랍장 정도. 넓은 방인데도 시원하게 아늑하다. 눈이 번쩍 뜨이는 초록 침구를 들인 건 숲속에서 잠드는 듯 그러기를 바라서다.

부부 침실에 면한 욕실이다. 침실 만큼
이나 단아하면서 조금은 점잖게 단장하
고자 했다. 욕실이란 무엇보다 쾌적한
게 최고니까. 욕실 문을 열고 들어서면
먼저, 간단한 파우더룸이 등장한다. 간
단하다고 한 것은 정말 그렇기 때문이
다. 작은 거울 하나와 붙박이 테이블로
구현한 화장 코너, 입은 옷을 걸어 둘 수
있는 클래식한 디자인의 행거 몇 개 정
도가 전부라서. 어른들의 욕실이지만 욕
조는 따로 두지 않기로 했다. 대신 이 욕
실에서 힘을 준 건 타일. 색과 모양이 다
른 세 가지의 타일을 매치하니 큰 힘 안
들이고도 상당히 매력적인 공간 하나가
완성되었다.

사람 잘 챙기고,
사람들 불러 먹이기를 좋아하는 부부의
집밥 레스토랑

현관의 중문을 열고 들어가면 아주 널찍한 응접실이
등장한다. 응접실이라고 한 것은 여기가 진짜 응접
실, 손님을 접대하기 딱 좋은 곳이기 때문이다. 가장
먼저 눈에 띄는 건 다이닝 테이블, 식탁이다. 꼭꼭 붙
어 앉으면 10명은 족히 모일 수 있는 널찍한 사이즈
가 시원하다. 나무로 제작하고 하얗게 칠을 했다.
가족 식탁은 부엌 안에 따로 마련되어 있기 때문에
여기는 주로 특별한 날의 식사나 손님맞이용 테이블
로 사용된다. 워낙 사람을 아끼고, 사람들에게 음식
지어 먹이는 것을 참 좋아하는 부부라서 이런 자리가
꼭 필요했을 거다. 물론, 호젓이 앉아서 책을 읽거나
하는 용도로도 손색없다. 넓고 좋지, 뭐.
집이란 사람들로 북적거릴 때 비로소 그 가치가 쭉쭉
올라가는 법이다. 그래서 나는 이 집이 특히 더 좋다.

부엌에 가족을 위한 식탁이 따로 있다고 했었는데 여기가 바로 그곳이다. 부부 둘이서 마주 앉아 식사를 하는 용도로는 너무 큰 식탁이 아닌가, 할 수도 있겠지만 아니다. 독립해 집 떠난 자녀들이 '엄마 밥 좀 먹여 달라!' 하면서 자주 들이닥치기 때문에 넉넉한 사이즈의 식탁이 필수라고 했다. 게다가 식탁이란 클수록 폼이 나니까.

뻥 뚫린 입구 양 옆으로 가벽을 세워서 안정감을 주었다. 가벽이라고 했지만, 유리 벽이다. 보일 듯 안 보일 듯 그러는 유리를 끼워 만들었더니 하나도 답답하지 않고 공간 분할의 역할을 제대로 해 주어 더할 나위 없다. 큰 집이건 혹은 작은 집이건, 이런 가벽을 거실과 주방 사이에 세우면 괜찮을 거다. 있는 듯 없는 듯 그래 주는 아이템이라서 마음에 들지 싶다.

까만 식탁 한쪽 끝에는 아일랜드 테이블을 곁들여서 활용도를 높였다. 섬처럼 둥, 떠 있어서 아일랜드라고 부르는 이런 테이블은 다양한 용도로 쓸 수 있어서 아주 좋다. 이 집의 경우에는 아일랜드 테이블에 개수대와 수도꼭지를 부착하고, 인덕션 쿡탑도 하나 얹었다. 이미 조리된 음식을 인덕션에서 끓여 상에 낼 수 있고, 가벼운 설거지도 가능하며, 수납까지 겸할 수 있는 만능 테이블이다.

상가 주택의 재미있는 구조를 십분 활용한 아담한 베란다. 폼 나는 정원처럼 꾸밀 생각이었는데 이때까지만 해도 덜 꾸며져서 아주 약간만, 감질나게 앵글에 담아 두었다. 해가 잘 드는 공간이어서 마음에 볕을 좀 쐬고 싶을 때 나가면 좋다.

장성한 자식들이 집을 떠나
자기들의 세상으로 나간다.
고맙고도 쓸쓸한 일이다.

신경옥의 잡담, 일곱

어른 삼남매의 풀 하우스

오빠와 여동생 둘이 함께 산다

'풀 하우스(full house)'란 객석이 다 찼음, 호텔 룸이 솔드 아웃임, 이런 뜻이다. 그런데 왜 남의 집에다 이런 제목을 붙였을까? 완전한 어른이 된 세 명의 형제, 그것도 저마다 프로페셔널한 일을 가진 미혼의 오빠와 여동생 둘이 호텔인 듯 살고 있는 집이기 때문이다. 반려견 한 녀석을 함께 키우면서! 널찍한 방을 각각 하나씩 차지한 다음, '따로 또 같이'를 구현하는 공간이다.

SPACE 7

안녕, 꾸꾸!

SCREEN PLAY
by
BERT E. SHERWOOD
and
OAN HARRISON

ADAPTATION BY
P MacDONALD and MICHAEL HOGAN

오버사이즈의 식탁이 사람들을 기다리는 집

은근히 중후하면서도 너무 가볍지는 않은 다이닝 공간이다. 아주 널찍한 식탁이 눈에 들어온다. 완전히 어른이 된 오빠와 두 여동생이 동고동락하는 집. 그들만의 라이프스타일이 궁금해지는 공간이기도 하다. 손님 방문이 잦은가? 식탁이 뭘 이렇게까지 큰 거지? 그 해답은 다용도 테이블이라는 점이다. 홈 파티를 대비한 테이블이기도 하고, 간혹 누군가의 작업용 테이블이 되기도 하고. 정작 매일의 식사는 부엌 안쪽에 놓인 조그만 식탁에서 즐기는 편이다.

저마다의 멋으로 스타일리시하게 살아가는 삼 남매를 위해 정크한 스타일의 공간을 만들기로 했다. 화이트를 기본으로 하되, 그린과 블루, 브라운 컬러를 입혀 다채로운 멋을 자아냈다. 붙박이 타입의 장식장과 거울의 프레임, 방문 위쪽에 슬며시 덧댄 쫄대 등을 월넛 컬러의 진한 나무로 액센트를 주었더니 공간의 기분이 살짝 묵직해졌다. 과감한 초록 문이 숨을 불어넣고, 바다색 패브릭 소파가 다정한 기분을 더해 주도록 디자인했다. 아! 정면의 하얀 방문 한옆 벽은 덕수궁 돌담처럼 돌을 박아 꾸몄다. 식탁 앞쪽의 하얀 벽은 그냥 비워 두었다. 커다란 텔레비전을 구입하는 대신에 빔을 쏘아 무언가를 시청하는 일이 젊은 어른들에게는 별로 어렵지 않은 일이더라. 세상이 참 많이 달라졌지 뭔가. 그러니까 이 식탁은 먹는 자리이기도 하고, 노는 자리이기도!

블루, 블루한 소파는 기성 제품이다. 소파 뒤쪽에는 가벽을 세워서 부엌과 거실을 분리했고.

하얀 가벽에 네모반듯한 구멍을 낸 것은 너무 답답한 느낌이 들지 않게 하려는 의도였다.

나예요, 신경옥!

사진 찍으려고 부엌을 정리하는 중입니다.

어른스러운 묵직함으로 완성한 젊은이들의 부엌

이 집의 부엌은 조금 묵직하게 꾸몄다. 젊은이들의 공간이라고 하면 무조건 캐주얼하고 컬러풀하게만 생각하기 쉽다. 하지만 그러면 너무 뻔해진다. 무엇보다 가지고 있는 살림살이를 보면 사는 사람의 취향을 잘 읽어 낼 수 있는데, 세 사람은 공통적으로 빈티지하면서도 옛 느낌이 살아 있는 물건을 좋아하더라. 그래서 여기를 좀 다크한 공간으로 완성했다. 짙은 나무색의 싱크대를 짜맞춤하고, 벽에도 블랙 타일을 매치해 개성을 더했다. 싱크대 상판을 흔히 사용하는 인조 대리석 대신 널찍한 타일로 마감했더니 이 또한 보기에 괜찮았다.

셋째의 방 : 프렌치 스타일이네

셋째의 방은 해가 너무 찬란하기 때문에

셋째, 그러니까 이 집의 막내는 이미 훌쩍 어른 대열에 들어섰지만 여전히 아가아가한 기분이다. 아마도 막내란 이유 때문이려니. 오빠와 언니는 가장 큰 방을 선뜻, 막내에게 내주었다. 아직은 하고 싶은 것도 참 많고, 갖고 싶은 것도 정말로 많은 나이라고 여겼기 때문인지도 모른다. 제일 먼저 해가 뜨고, 가장 늦게 해가 지는 방. 여기를 막내에게 주기로 한 거다. 이 집 오빠랑 언니가 다정하네.

창문이란 사실, 해와 싸우는 자리라고 하는 게 맞을 거다. 해가 없으면 너무 우울하지만, 아무 때나 막 해가 고개 들이밀고 그러면 좀 힘들다. 해 없이 살고 싶은 시간도 있을 건데. 그래서 두툼한 나무로 프렌치풍 덧문 하나 만든 다음에 하얗게 칠을 해서 달아 주었다. 덕분에 방이 정말로 예뻐졌다. 안에서만 보면 프랑스야? 싶은 공간이 되었으니 말이다. 해가 드는 게 좋은 시간엔 활짝 열고, 해가 안 들었으면 싶을 땐 문을 꼬옥 닫아 두면 된다. 이것만으로도 충분히 만족이라고 했다. 나머지는 별것도 아니다. 방이란 해를 조절하는 것으로 얼마든지 달라질 수 있기 때문이다.

둘째의 방 : 시크하게 청량한 초록

둘째의 방, 제철 꽃 화분으로 화사하게

이 챕터를 열 때 식탁 주변에서 보았던 짙은 초록 문을 열면 이 방이 나타난다. 집을 꾸밀 때도 흐름은 필요하니까 이 집의 방방마다에는 내가 좋아하는 프렌치 스타일의 나무 덧문을 달았다. 창에다 이렇게 힘을 실어 주고 나면 다른 자리는 큰 힘을 들이지 않아도 되니까 꾸밈이 한결 수월해진다. 아! 여기는 둘째의 방이다. 장남 다음에 태어난 딸의 방. 창 아래쪽에는 붙박이 스타일의 나지막한 수납장을 길게 배열했는데, 덕분에 소소한 물건들이 밖에 나와서 돌아다니지 않고 깔끔하게 정리된다. 그뿐일까, 수납장 위에 사뿐하게 걸터앉을 수도 있으니 금상첨화다. 말하자면 기다란 벤치 역할을 하는 셈이다. 화장대도 붙박이 스타일의 맞춤 가구로 해결했다. 복잡하게 멋을 내거나 그러지는 않았고, 단순한 직선 타입의 심플 가구를 활용했다. 화장대와 곁들인 거울은 용도보다 훨씬 더 크게 만들었기 때문에 전신 거울의 역할도 한다. 화장하고, 옷 입고, 거울 앞에서 요롱게 조롱게 내 모습을 들여다보기에 제격일 거다.

첫째의 방 : 장남의 평온한 안식처

여기도 역시 나무 덧문! 창문에 힘을 준 뒤 천장의 시멘트 골조를 살려서 남성미를 불어넣었다.

욕실 벽면에 납작한 쪽창, 욕실 문에도 같은 디자인의 홈! 욕실의 벽과 문이 세트가 되었다.

창문을 열지 않으면 밤인지, 혹은 아침
인지 알 수 없을 만큼 빛이 완벽하게
차단된다. 그래서 덧문 안쪽에 커튼도
곁들였다. 문 하나쯤은 꼭 열어 두고
자라고.

침대 모양 같은 것은 별로 중요하지 않
다. 침구의 컬러나 디자인이 침대의 느
낌을 좌우하는 거다. 진한 청색 침구가
한몫하는 방. 어른 남자의 방이지만 연
한 핑크 커튼을 더해 밸런스를 맞췄다.

첫째, 심플하면서도 자유로운 장남의 감성을 담은 방

신경옥을 안다, 하는 사람들은 신경옥 컬러를 안다. 중간은 좋아하지 않는다. 하얗거나 대담하거나, 둘 중 하나다. 이 욕실만 봐도 그렇지 않은가. 누가 이런 색을 쓰나. 잘 안 쓰는 색 아닌가. 민트와 블루 사이. 그 경계의 옥색 바닷빛을 벽면과 욕조에 과감하게 발라 놓은 첫째의 방 욕실이다. 몸을 푹 담그는 욕조 있고, 가볍게 씻을 수 있는 샤워 공간도 있다. 마음이 가는 대로 하면 그만이다. 욕조에 지친 몸을 담글 때는 책을 읽거나 드라마 같은 걸 볼 수도 있겠다. 반신욕을 하는 시간에 딱 좋은 나무 트레이를 욕조 사이에 가로질러 두어서!

쨍한 컬러로 바다인 듯이 꾸민 방 안 욕실

Episode 4 : 소꿉놀이를 하듯이 홈 디스플레이

대대적으로 집을 확 뜯어고쳐야만 아름다운 공간을
가질 수 있는 건 아니다. 계절에 따라, 혹은 기분에 따
라 장식을 더하거나 빼거나 하면서 즐거운 공간을 만
들 수 있으니. 내가 좋아하는 방식의 엉뚱한 디스플
레이들. 커튼레일을 달아야 할 자리에 나무 행거를
붙이고선 좋아하는 것들을 주렁주렁 건다. 위트 있는
창문이 되었지 뭔가.

우리 집에는 유독 책이 많다. 수십 년을 데리고 다니면서 함께 사는 책도 꽤 있다. 그것들을 전부 다 읽으려고만 하는 건 아니다. 책이 있는 풍경이 썩 매혹적이기 때문이다. 쌓아 두거나 세워 두거나 꽂아 두거나! 책을 가지고 놀아보기를 추천한다. 그 어떤 값비싼 장식품보다 몇 곱절 더 흥미진진한 생활 소품이 되어 줄걸.

바구니를 꼭 사야만 하는 이유

바구니 안 좋아하는 여자를 못 본 것 같다. 대대손손 변함없이 아끼고 좋아하는 살림이 바구니 아니겠나. 마음에 드는 바구니를 만난다면 일단 사라고 하는 편이다. 여기에다 뭘 담겠나, 하면서 이치를 따지기보다 일단 집으로 데려가서 한 식구를 만드는 게 정답이다. 안 그럼 자꾸 눈에 밟혀서 괴로울 테니! 큰 바구니, 작은 바구니, 뚜껑 있는 거 혹은 없는 것도. 그저 여기저기 툭툭 던져만 놓아도 맹활약을 하는 게 바구니의 매력이다. 지저분한 것들을 숨기기에도 딱 좋고 말이다.

거울을 걸지 않고 테이블 위에 괜히 올려 두기.

빈티지 감성의 소품은 어디에나 대체로 옳다.

꽂지 않아도 좋아! 접시에 담아 즐기는 식물.

욕실의 하수구 냄새를 막아주는 멋쟁이 타일.

물 속에 꽂아 두는 나무 한 그루(?)의 매력.

예쁜 잔은 무조건 꺼내어 잘 보이는 자리에!

커튼 봉 대신 통통한 나뭇가지를 구해다 사용했다. 박음질 없이 걸쳐 둔 커튼도 괜찮지 않나?

집 고치는 엄마 보고 자란
내 딸이 엄마와 같은 직업을 갖게 됐다.
여긴 그 애가 단장한 집이다.

신경옥의 잡담, 여덟

홍시처럼 익어 가는 젊은 집

역대급 뷰를 품고 살면서

막 결혼한 부부가 재미있는 빌라를 구했다. 동화 속에 등장할 법한 집이고, 맨 꼭대기에 위치한 복층이다. 좁은 듯하지만 옥상 문을 열고 나서면 천하를 호령해도 좋을 기세다. 이 집은 내 뒤를 이어 인테리어 디자이너가 된 나의 딸 한나가 스타일링을 한 공간이다. 큰 공사 없이 실속 있게 정리되어 더 곱다.

SPACE 8

흔히들 '볕이 쏟아진다' 같은 표현을 쓰는데 여기가 꼭 그렇다.

252

쏟아지는 볕이 공간마다 다른 그림을 만들어 내는 집이다.

일단 다락방 같은 2층 침실부터 올라가 볼까?

이 집의 제목에다 '홍시'라는 단어를 붙였다. 홍시란 흔히 대봉이라고 부르는 과일인데, 얘는 갓 따자마자 베어 물었다간 큰코다친다. 떫은맛에 감전이 되어 방방 뛸 수 있다. 하지만 시간을 두고 익어라, 익어라, 하면서 기다리면 말도 못 하게 달콤한 꿀맛이 된다.

내가 보기에는 이 집이, 이 집을 선택한 새내기 부부가, 꼭 홍시 같았다. 점점 더 달아질 거다. 점점 농익어 갈 거고, 점점 더 원숙해질 게 분명하다. 이만큼을 살다 보니 척 보면 아는 눈이 생기곤 하던데 이 집을 보자마자 그런 생각이 들었다. 예쁜 부부구나, 점점 더 예뻐지겠구나, 그런 생각.

현관문을 열고 들어서면 나타나는 계단을 따라 오르면 바로 여기, 침실이 나타난다. 미쳤다! 해가 난리 났다. 창가에 꽃 몇 송이 꽂아 두었더니 침대 위에 꽃 그림자가 퍼져서 장난이 아니다. 늦잠은 못 자겠구나. 해가 뜨면 벌떡 일어날 수밖에 없는 새나라 어른들의 침실이구나, 했다.

침대 뒤편에다 커튼인지 가리개인지, 싶은 것을 설치해 두었는데 저 안쪽에는 아직 정리되지 않은 살림살이가 중구난방으로 쌓였단다. 이 집을 단장한 딸아이가 절대로 열어 보면 안 된다 그래서 못 열어 봤다. 어쨌든 창고처럼 쓰기 좋은 공간이겠다.

아주 조그만 침실인데 고맙게도 침대 발치에 화장실이 따로 마련되어 있다.

자다가 용무가 급할 땐 계단 내려가는 일도 먼 길일 테니 얼마나 다행이겠나.

수건걸이 위쪽으로 짜 넣은 작은 수납장이 은근히 단정해 보인다.

노란색 손잡이가 포인트였구나.

타일의 조합이 괜찮다. 잘했네.

오른쪽으로 보이는 문을 열고 나가면 산이 보이는 뷰가 나타난다.

저 계단을 올라가면 빨강머리 앤의 다락방 같은 게 나올 것 같은데?

왼쪽에 슬몃 보이는 방을 거실로 꾸몄다. 냉장고는 그 방 옆에다!

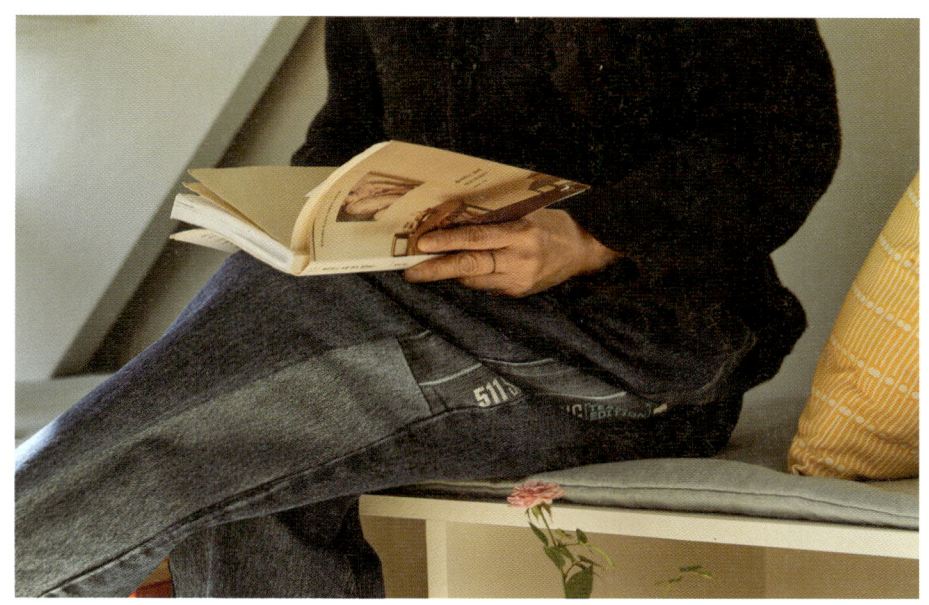

앉으라고 만들어 둔 계단 참의 박스 의자에 앉아 보았다. 운치 있다.

자기가 만진 공간을 찍는다고, 더 예뻐 보이라고, 한나는 꽃꽂이 중.

아래층에는 방이 딱 하나, 욕실도 하나. 나머지 공간 안에다 소파와 식탁 같은 것을 '알아서 잘' 배치해야만 하는 상황이었다. 하지만 걱정은 안 했단다. 이 집에는 다락방을 닮은 2층 공간이 있으니. 아래층 방을 거실로 만들고 침실을 계단 위의 공간에 심어 놓은 거다.

거실 방에는 소파, 테이블 그리고 간단히 다과를 준비할 수 있는 티 코너도 찰떡같이 준비되어 있다.

방 안에 마련한 응접실 한편

누군가의 보금자리를 단장하는 일로 긴 세월을 살았다. 정말 많은 집과 사람을 만났다고 기억한다. 골조만 빼고 완전히 뜯어서 '헌 집 받고 새 집을 준' 적도 있고, 없던 방을 만들거나 있던 방을 없애기도 했다. 마음먹기에 따라서 얼마든지 다른 집으로 변모시킬 수 있다는 게 짜릿하고 흥미로웠다.

하지만 특히 더 보람차게 느껴졌던 순간은 큰돈 들이지 않고도, 스타일링만으로 집을 새롭게 바꿔 놓은 경우였다. 마감재를 교체하고, 쓰임에 따라 공간을 재배치하거나 맞춤 가구를 짜 넣어 개성을 입히는 작업은 뿌듯한 마음을 갖게 해 주었으니까. 딸아이 역시 이 집을 단장하면서 그런 마음을 가졌을 거다.

본래는 안방 혹은 침실로 사용하라고 설계되었던 가장 큰 방을 거실로 바꿔 놓은 선택을 칭찬하고 싶다. 작은 집 꾸밈에서 걸림돌이 되기 쉬운 냉장고를 방 옆으로 옮긴 뒤 냉장고 옆쪽에 가벽을 세워 커버한 것도 잘한 일이다. 거실이 된 방 한편에 미니 부엌을 만들어 차를 마시거나 술 한잔 즐기는 일이 쉬워지게 했으니, 냉장고 같은 건 당연히 그 방 옆으로 오는 게 맞지 않겠나.

살면서 점점 더 아름답게 영글어 갈 신혼의 두 사람. 그들이 작은 집에서 반짝반짝 빛이 나는 게 느껴졌다. 아이가 생기면 거실 방이 아이 방으로 변신할 수도 있을 거다. 그럼 되지, 싶다. 집이라는 공간을 내 몸에 맞게 바꿔 가며 사는 거다.

어느 집에서나 볼 수 있는 하얀 싱크대. 그런데 상단 수납장에 나무 프레임을 덧대어 완전히 다른 느낌을 만들었다. 바로 이런 게 인테리어의 묘미다.

가지런히 단장한 이 집에 들어섰을 때
제일 먼저 눈에 들어온 것은 부엌 가까
이에 놓인 묵직한 테이블이었다. 아일
랜드 형태를 띠고 있지만 꼭 그렇지만
은 않다. 뭐랄까, 대저택의 현관 어딘가
에 잘 어울릴 법한 콘솔? 딱 그런 컨디션
의 가구. 빈티지한 느낌으로 만든 높이
감 있는 가구는 진한 색을 입혀 멋을 더
했다. 무언가 걸 수 있는 고리, 행주 같은
것을 걸어 둘 수 있게 하려고 선택한 걸
이 타입의 손잡이 같은 건 아주 세심한
배려였다. 다리가 긴 바 의자를 곁들이
면 간단한 식사가 가능한 식탁이 된다.
의자를 치우면 공간의 이미지를 만드는
핵심 가구가 될 테고! 그래. 마음에 든다.

이제 막 첫걸음을 내디딘 젊은 부부의 인생이
언제나 쨍하고 해 뜰 날이었으면 좋겠다.

Episode 5 : 엄마와 딸, 두 여자

엄마 사람 | 신경옥

그 엄마 딸 | 김한나

사실 난 매우 자유분방한 사고를 가진 사람인데 어쩌다 보니 인생의 리듬에 맞춰 제때 결혼을 하고, 첫딸을 낳았다. 딸 밑으로는 아들도 하나. 딸이 어릴 때부터 영특했다. 매사에 똑부러지고, 자기주장이 강해서 엄마라도 고 어린것을 좌지우지하지 못했다. 자라는 동안 딱히 손이 갈 일도 없었다. 뭐든 자기가 다 척척 알아서 하니까.

오랜 세월 동안 인테리어 디자이너로 살아온 나는 모성을 발휘할 틈도 없이 언제나 바빴기 때문에 두 아이를 성실히 챙기진 못했다. 엄마 대신 동생을 살핀 게 딸이었다. 엄마 대신 라면을 끓여 주거나, 비가 올랑말랑 그러는 아침에 학교 가는 남동생 손에 우산을 쥐어 준 것도 딸이었다. 사실은 언제나 고마웠다. 그런데 고맙다는 말을 별로 해 주지 못한 채 살았다. 그게 좀 아쉽다.

'엄마처럼 살지는 않겠다' 하면서 어른이 되는 게 보통의 딸이라 그러더라. 그런데도 묘하게 결국은 그 엄마를 닮아 가는 게 딸들이라고. 한나도 그렇다. 닮은 듯 아닌 듯 하게 어른이 되더니만, 지금은 나처럼 인테리어 디자이너가 되었다.

인테리어 커플 '투피스'다. 젊은 애들 둘이 손잡고 여기저기 꾸미러 다닌다.

엄마가 걸어온 길 위에 올라선 딸아이. 엄마처럼 일하면서 살아 보겠다는 아이. 이거 말고 다른 일을 하지, 조금쯤은 더 편안하고 순한 길을 택했으면 좋았을걸, 속으로는 이렇게 생각했었던 것 같다. 하지만 내색은 안 했다. 그런 말은 너무 꼰대 같을까 싶기도 하고, 무엇보다 자기가 좋아하는 일이라 그러는데야 더 할 말이 있을 리가! 하여 나는 그래! 잘 왔다, 하고 두 팔 활짝 벌려 환영해 주었다.

인테리어를 말하는 책 속에 이렇게 뜬금없고도 엉뚱한 고백을 기록하는 건 이 책을 읽는 독자들이 대개 '엄마'일 것만 같아서다. 이 세상의 모든 엄마한테는 자식이 곧 삶일 테니. 아름다운 집, 커다란 집, 잘 고쳐 놓은 집! 이런 게 뭐 그렇게 중요할까. 엄마 인생의 알짜배기는 내 새끼가 행복한 사람으로 잘 사는 것, 이게 아니겠나.

내겐 얄미운 작업실 하나가 있다.
꿈을 주고, 숨을 쉬게 하는
보물섬 같은 곳이다.

SPACE 9

어딘가에 매이는 걸 질색하는 사람, 답이 정해져 있는 문제는 재미없어서 못 푸는 사람, 자유를 주면 온순해지는데 구속하면 마냥 엇나가는 사람, 하기 싫은 건 안 하는 사람, 남들과 비슷한 건 싫은 사람, 내키면 막 주는데 안 내키면 절대로 안 주는 사람, 결코 가정적이지는 않은 성향인데 긴 세월 동안 가정을 꾸려 온 사람, 새것보다 헌것을 더 좋아하는 사람, 집 고치는 일을 참 좋아하는 사람. 그 사람, 신경옥이다. 여긴 나, 신경옥의 작업실이다.

신경옥답게, 이런 은신처
내 모든 것을 알고 있는 비밀 공간

마당이자 노천 카페
작업실의 핫플, 옥상 정원

사람을 좋아한다. 그걸 알고 내 곁으로 사람들이 많이 찾아온다. 그런데 내가 또 낯을 많이 가리는 편이라서 처음엔 좀 뜨뜻미지근하게 그런다. 하지만 얼마 안 가서 이내, 마음이 솜사탕 풀어지듯 녹아 다정해진다. 그렇게 하나둘, 친구가 늘어났다. 남녀노소 구별은 없다. 전부 다 친구다. 조그만 건물의 맨 꼭대기층과 거기에 덤으로 딸린 옥상을 작업실로 가지게 되었다. 옥상을 그냥 둘 수는 없다. 여기가 진짜 아닌가. 그래서 하늘을 이고 있는 식당이자, 카페? 그런 공간으로 만들었다. 단장, 까지는 아니고 그저 막 가져다 두었다. 내 그릇, 내 도구, 먹고 마실 때 필요한 것들을. 크고 작은 화분도 많이 데려다 두었다. 덕분에 제법 마당 느낌이 난다.

여기를 찍으러 온다는 후배들을 위해 옥상에다 상을 보았다.

삼겹살 두어 근을 끊었고, 낮술을 위한 조치도 취해 두었다. 좋게 됐네.

이 파란 개수대가 없었으면 어쩔 뻔했나.

여기에서 먹은 건 여기에서 씻어야지.

간단하게 했다. 나무로 틀을 만들고

새파란 타일을 붙여서 간단하게.

타일 고르면서 산토리니섬을 떠올렸다.

내게는 여기가 거기 부럽지 않은 자리다.

#1

2016년 5월 무렵

처음에는 이렇게 꾸몄었다. 하지만 변덕이 죽 끓듯 해서 조금씩 계속 분위기를 바꿨다.

이랬다 저랬다 하도 많이 바꿔서 일일이 다 찍지는 못했지만, 어쨌거나 구경하자.

신경옥 스타일의 대명사
하얀 방석 소파

내가 꾸민 공간을 몇 번 들여다보면 금세 알 텐데, 소파에다 큰돈 들이는 걸 아까워한다. 딱히 눈에 차는 것도 찾기 힘들고. 대개 나무로 틀을 만든 뒤 그 위에 방석과 쿠션을 얹는 방식으로 나만의 소파를 만든다. 선반 스타일의 간이 책상 같은 것도 즐겨 하는 방식 중 하나. 막힌 벽이든 뚫린 벽이든 그저 자리만 났다 하면 선반을 질러 놓고 본다. 그러면 정말 쓸모 있어진다. 장식하고 싶은 물건들 올려 둘 수도 있고, 의자 하나 놓으면 곧바로 책상이 되니 일석이조 아닌가. 여기에도 그렇게 했다.

방석 올릴 나무 지지대는 일자 형태로 하지 않고, 끝부분에 삼각 모양을 내어 만들었다. 테이블 하나가 절로 생겼다.

내 공간은 내 마음대로다, 자유롭게 하자.

책상은 늘 필요했지만, 한 번도 정식 책상 같은 걸 사지는 않았던 것 같다. 아주 빈티지한 구식 책상이라면 모를까. 대개 오버사이즈의 커다란 테이블을 책상으로 사용한다. 그래야 일이 된다. 책은 자유롭게 쌓는다. 도서관도 아니니까 굳이 종류별로 세우고 그럴 필요는 없다고 생각한다. 책등이 보이게 쌓아 두면 필요할 때마다 꺼내어 읽을 수 있다. 사실, 평소에 뭐 그렇게 열심히 책 읽고 그러는 것도 아니니 충분하다. 어쨌거나 이렇게 쌓아만 두어도 멋있는 게 책이다. 굉장히 정리된 듯 보이지만, 자세히 들여다보면 별로 규칙이 없는 게 나의 공간이다. 지나치게 반듯한 공간은 나를 통제해서 별로다.

작업실이기는 하지만 없어서는 안 되는 부엌. 간단히 만들
었다. 주렁주렁 선반을 몇 개 만들어 달면 그만이다.

하얀색의 폭이 좁은 시판 서랍 가구에다 나무를 연결해 테이블 하나 만들고, 옆면에 고재 나무를 박아서 이 또한 간이 테이블
로 활용한다. 뭐든, 내가 쓰기 나름이다. 나의 쓰임에 맞게 뭐든 바꾸자. 할 수 있다.

세상 가장 아름다운 인테리어 요소는 뭘까?

볕이다. 아침에 뜨는 볕, 혹은 지는 볕도.

세면대와 변기는 나란히, 바짝 붙여서 배치하고 긴 선반을 하나 달아 필요한 물건을 올려 두었다.

창이 있고, 볕이 드는 자리라서 식물을 키우기에 부족함이 없다.

그리고 3년 뒤

2

2019년 4월 무렵

양옆으로 배치했던 소파와 테이블을 한 줄로 나란히 줄 세웠다.

가구 배치를 바꾸는 것만으로도 새 공간으로 이사한 것 같은 기분을 낼 수 있다.

테이블클로스만 바꿔도 뭔가 확실히 달라진 기분이 든다. 원단을 쭉 찢어 덮어도 된다.

뻔한 커튼이 싫어서 창문 위쪽에 행거를 달고 키친클로스를 걸었다.

사진 오른쪽으로 보이는 요상한 책상 하나.

책장을 짜 넣으면서 널찍한 선반 하나를 만들고
그 위에 고재 서랍을 얹어 썩 괜찮은 책상을 만들었다.

창가에는 좋아하는 것들을 둔다. 해 들면 더 예뻐지니까.

내가 좋아하는 빈티지 램프.

소품들을 가지고 논다. 어른들의 소꿉놀이.

주방 도구들의 이상한 자리.

창문에 턱을 만들어야 할 이유.　　　　　요상한 소품들은 어디서 샀지?

사방을 깜장색으로 파이핑한 원단.　　　　나무 봉에 툭 걸쳐 커튼으로!

자갈에다 그림을 그렸다. 재밌다.

긴 하루를 접고 집으로 돌아갈 시간이다.

안녕! 굿바이.

신경옥의 맺음말

나는 간혹 옷을 거꾸로 입는다.

앞과 뒤를 바꿔 입는 거다.

시킨 대로 입으면 그렇구나, 하는 옷인데

거꾸로 입으면 와! 그런다.

남의 눈치는 안 본다.

내가 입을 옷이니까 내 마음대로 할 뿐이다.

집도, 삶도 그랬으면 싶다.

내가 좋아하는 방식으로 그렇게 만들면서

살았으면, 하고 바란다.

살면서의 마지막 책일까, 아니면 한 번 더

책을 꾸릴 수 있을까. 잘 모르겠다.

마지막이라고 생각하면서 인사할 참이다.

행복하자고.

저마다의 집에서 행복하게 살자고.

그리고 고마웠다는 말도.

집으로부터

초판 1쇄 발행 2024년 2월 17일

글 | 신경옥
펴낸이 | 계명훈
기획·진행 | fbook(02-335-3012)
　　　　　　　김수경, 김연, 박혜숙, 김수연, 여지영, 김진경
마케팅 | 함송이
경영지원 | 이보혜
디자인 | ALL contents group(02-776-9872)
사진 | 단편 이정민
교정 | 류미정
인쇄 | RHK홀딩스
펴낸 곳 | for book　서울시 마포구 만리재로 80 예담빌딩 6층
　　　　　02-753-2700(판매)　02-335-3012(편집)
출판 등록 | 2005년 8월 5일 제2-4209호

값 25,000원
ISBN 979-11-5900-134-5 (13540)